大森講座　XXXV

教会政治の神学

改革派の教会政治原理とは

吉岡契典

新教出版社

大森講座　第三五回　　二〇一九年一一月一七日

吉岡契典「教会政治の神学――改革派の教会政治原理とは」

「大森講座」創設のご挨拶

私共の日本基督教会大森教会は、ことし教会建設七十周年、伝道開始八十周年を迎えました。その記念事業の一つとして「大森講座」を創設いたしました。

教会は伝道しなければなりません。そしてその伝道がみ旨にかなってすすめられて行くために、絶えずみずからの信仰を検証していく必要があります。それを怠るとき、神のみ業である伝道が人間の恣意によって、なされる危険にさらされます。それゆえ旺盛な伝道心が、私共の教会の伝統に立つ生き生きとした神学によって検証され、あわせてそれによって裏打ちされなければなりません。

ここに真摯な若い神学徒が、つねに継続的におこされ、次の時代を展望しつつ正しく教会を建てる神学を産み出し、構築する力とならなければならないと考えます。

そのような若い神学徒の学びと、その発表との機会を提供したいと願い「大森講座」を創設するにいたりました。

この講座は毎年一回秋に開きます。その記録は直ちに印刷に付し、公刊いたします。

皆様のご理解をお願い申し上げます。

一九八五年九月

日本基督教会　大森教会

「大森講座」十一年目にあたって

「大森講座」が創設されて十年たちました。

所期の目的にそって、若い神学徒が継続的におこされ、この講座を実りあるものとされたこと、多くの理解者からたえず励ましをいただいたこと、そして新教出版社が全面的に協力してくださったこと、感謝にたえません。

研究分野が多岐にわたって、講座を華やがせ、また充実させていると思います。

教会が産み出す神学の泉の涸れることがなければ、そしてその神学が真の意味で教会に仕えるならば、憂い多い日本の伝道にも希望を失うことはないと信じます。

主がゆたかに大森講座を支えてくださいますように。

一九九六年二月

日本キリスト教会　大森教会

目次

第一章　教会政治とは何か――序論的考察

第一章においては、教会政治の位置付けについての序論的考察を行いたい。教会政治は教会論の一要素であるが、しかし教会政治は教会論の付録でも補遺でもなく、教会を教会として建て上げるに際しての特に具体性と実践面において必須の分野であり、教会政治を考えること無しに、教会について考えることも、またそれを形成することもできない。

以下に、その教会論に必須の教会政治が目的とするところについて、まずそれを、教会論の枠組みよりもさらに大きな視座から考え始めたい。

第一項　教会政治は、教会の目的ではないが、必要不可欠な手段である

われわれの究極の目的とは何か。ウェストミンスター小教理問答(1a)第一問はその究極の目的を「人生のおもな目的な何か」と問い、その目的は「神の栄光をあらわし、永遠に神を喜ぶこと」であると答える。この場合、人生それ自体は目的ではなく手段であり、目的に達するための手段

である個々人の人生の道程は、変更可能で多様性のある柔軟なものとされることになる。そこでは、特定の生き方や職業のみが、神様の栄光をあらわすための唯一の人生、また筋道であり、それこそが排他的な手段なのだと断言することは、決してできない。

では教会の目的とは何かと考えると、ウェストミンスター小教理問答八八問は、「キリストがあがないの祝福をわたしたちに伝えるのに用いられる外的な手段とは、何ですか」と問い、「キリストがあがないの祝福を私たちに伝えるのに用いられる外的な普通の手段とは、キリストの規定、特に御言葉、礼典、祈祷です。」と答えている。教会において実施される恵みの外的な手段が目指す目的は、キリストの罪のあがないの祝福を受けることであり、御言葉、礼典、祈祷が、そのための手段であるとはっきり言われている。それらの諸々の手段を内に含むのが礼拝であり、その礼拝を自らの中心に据えて、それを公に公明正大に行うのが教会であるゆえ、礼拝も教会も恵みの外的な諸手段を内に含む、手段を支える更なる手段となる。よって手段に位置付けられる礼拝と教会にとって、この礼拝が、またこの教会だけが唯一無二である、と絶対化されてしまうことはできないことになる。そして、それらの手段は、キリストの贖罪を伝えるという目的に適うものに適宜更新されていく必要がある。

現在世界で最も影響力のある新約聖書学者で、聖公会の司教でもあるN・T・ライトは、「御言葉は、単に神の国がこの世界に訪れたということだけを単純に書き記しているのではなく、御言葉は、そこに込められた計画を実現するために、起こり来ることのすべてに、その手段の一部分として用いられるために、そしてそれを通して教会がキリストに似るものへと変えられていく手段として、まさに書き記されたのである[1]」と語る。ライトの考えによれば、聖書は、その言葉を語った神と、その言葉を受け取る私たちが、「語って終わり。聞いて終わり」に終始することなく、その先にある目的である「神の御国の建設」のための手段として用いられてこそ、その目的を達成するのであり、手段としての聖書は、何らかの行動や事柄を生起させるところまで至る必要があるのだと主張されている。

よって手段としての教会と、また聖書という両軸に拠って立つものとしての教会政治も、それは目的に至るための手段である。教会政治が手段であるということは、教会政治が常に暫定的で、全面的な更新と向上の可能性を常に有するという性質のものであることを意味している。しかしながら同時に教会政治は、教会の本質的目的達成のための確たる手段として、あってもなくてもよいものではなく、必要不可欠である。

第二項　教会政治の目的としてのキリストの王権

エフェソの信徒への手紙四章一一節から一三節はこう語る。「そして、ある人を使徒、ある人を預言者、ある人を福音宣教者、ある人を牧者、教師とされたのです。こうして、聖なる者たちは奉仕の業に適した者とされ、キリストの体を造り上げてゆき、ついには、わたしたちは皆、神の子に対する信仰と知識においてひとつのものとなり、成熟した人間になり、キリストの満ちあふれる豊かさになるまで成長するのです。」

なぜ教会に色々な職務が立てられているのか。その目的は教会の成長であり、その成長は、キリストが教会に満ち溢れることを目的としている。それは、より具体的に言えば、教会というキリストの体が、よりキリストに倣い、健康なキリストの体らしくなり、そこに向かって成長していくということが教会の目標であり、そのために教会の様々な職務は立てられ、一致して働きをなすということである。

また使徒言行録二〇章二八節は語る。「どうか、あなたがた自身と群れ全体とに気を配ってください。聖霊は、神が御子の血によって御自分のものとなさった神の教会の世話をさせるために、あなたがたをこの群れの監督者に任命なさったのです。」

教会は、排他的なかたちで御子が血によってご自分のものとなさった、主イエス・キリストに属するものである。よって、教会のただ一人の所有者であられるキリストが高く掲げられること、そのために働く聖霊なる神が、教会の監督者たちの統治によってより良く働くための状況をつくること、そこにこそ教会政治の目的がある。

ヴィサー・トーフトは、『キリストの王権』という書物においてこう語る。

多くのアメリカのキリスト者たちが二〇世紀の社会的福音の立て直しの必要を自覚した時、またヨーロッパの諸教会がついにこの世界に対する責任を発見し始めたちょうどその時、その会話の主要題目は、キリストの王としての主権の本質と、それが教会とこの世界とに対して持つ意味ということであるようである。われわれの今日の世代において、教会は、本当の福音とは言えないがしかし道徳法の体系であるとは言える社会的福音と、また、聖書の持つ宇宙的な、世界全体を包む視野を欠くがゆえに本当の正統派の信仰とは言えないところの個人主義的正統派信仰と、この二つのうちどちらを取るかというような無用な選択を超えて進む特別の使命を持っている。もしわれわれが、旧式の道徳主義と旧式の敬虔主義とを共に除くことができるならば、その時にこそ教会は、現代の世界における人間の状況に対して、かつてした如くにまた語ることを望み得る。(2)

ヴィサー・トーフトは、教会が孕んでしまう間違った福音と誤った正統・伝統の理解に抗して、キリストの王権こそが正しく訴えられるべきであると主張しながら、さらにこう続ける。

もう一度、教会は自分自身の力にはまったく依存し得ないということ、また改革がいかに容易に改悪に堕するかということを、思い出さしめられねばならなかった。教会の革新は、保守主義や反動の諸勢力が再び頭をもたげ始めては、ほとんど不可能である。もろもろの党派やさまざまの人工的伝統は、簡単に捨てられないものである。しからば、教会が教会の王を真剣に取り上げようとするようになるのは、ただ驚愕の時と、教会の敵の圧迫下にある時とだけであると言わなければならないのであろうか。(3)

教会では絶えず、A案かB案か、これまでの伝統か新しい実践の導入か、という綱引きが沸き起こる。しかし教会政治は、その二者択一を超え、人間同士の綱引きの次元を超えた、神の御心を上に向かって尋ねるという方向へと、教会を方向付けるのである。より神の教会らしく、より教会の頭である神の御心が反映される道はどこにあるのかと教会が絶えず追求する際に、その目的に教会を導く際の必要不可欠な手段として、教会政治があるのである。教会政治の仕事は、教会におけるキリストの王権の具体的実現を追求することであり、その目標とするところは、教会内における人間間の意見の折衷や調整ではなく、教会をより良く神のものとし、教会を神の教会にするための手立てを追求し、構築し、実施していくことにある。

第二章　教会政治が神学と見なされない理由

「教会政治の神学」という扱われ方を教会政治がされることは稀である。「教会政治の神学」というタイトルに一致する書籍や論文は、邦文にも英文にも見出すことができない。(4) そして教会政治という多くの研究を伴う重要な神学的課題についてのこの現状には、偶然で済ませることのできないある特定の要因があると仮定してよいと思われる。教会政治に関する事柄が公明正大に神学としては捉えられておらず、それゆえ神学の主要な課題の外にある些末な分野として過小評価されているという実情が見えるのであるが、なぜそのようなことが起こるのだろうか。

確かに政治という言葉自体、神学的また教会的事柄に対して対極に置かれうる世俗的な言葉であり、またそれは法的な側面も多分に含むゆえに、神学的、また霊的な考察の対象としてよりも、より実際的な手続きに関する法学的な事柄として捉えられる傾向がある。さらにまた、教会政治や、それを規定する教会規程は、その性質上意図的に、人間の罪が教会において自在に働いてしまうことに対する制限という方向性を取るため、それはともすれば、人間の力を超えて、吹く風のごとく働かれる聖霊の神の自由なる御業に対置するものとして捉えられてしまうということもしばしば起こる。

この教会政治に対する神学的扱いという問題について、本格的に取り組んでいる研究はごく僅かである。その中で、この問題を正面から体系的に論じた研究は、南アフリカ共和国のクルツェンの研究[5]と、オランダのコフマンによる著作[6]また小論[7]を挙げることができる。残念ながら、本格的な先行研究として、教会政治の神学的な扱いという論点を扱っている著作は、私が参照することのできる日本語・英語文献においては、上記二者の著作のみである。よって本書においては、クルツェンとコフマンとの対話を起点として教会政治の神学的扱いという課題を考察し、それを元に、そこからさらに進んで、改革派教会の伝統に立つ教会政治が神学的原理とするところを見出したい。

第一節　教会政治の神学についての研究状況

教会政治の神学的取り扱いという課題に対する際、その研究状況についてのある傾向を読み取ることができる。その傾向とは、教会政治の神学的取り扱いが、ほぼ独占的にドイツ・オランダ語圏（アフリカンスも含む）においてのみなされているという傾向である。クルツェンもコフマンも共に、上記の著作を英語ではないそれぞれの母国語で最初に著しており、後に英語翻訳版として上記の著作を発表している。コフマンの母国語はオランダ語であり、クルツェンの母国語は、オランダ語からの影響を色濃く受けているアフリカンスである。そしてこのことは、オランダ・ドイツ語圏において、教会政治を神学的に、かつ教会論的に扱う傾向と伝統が存在していることを示している。コフマンとクルツェンの著作に引用されている諸文献も、その大部分がドイツ・オランダ語圏の文献となっている。また後に扱うが、彼ら以外にも、ドイツ語圏において、ゾーム、ブルンナーなどの先人たちが、そのような関心での古典的な研究を行っている。それらの研究の参考文献もまたドイツ語やオランダ語がほとんどであり、彼らドイツ・オランダ語圏の神学者たちとの直接の接点を持たない英米の研究の文脈においては、教会政治の神学的扱いは皆無である[8]。それは、ドイツ・オランダ語圏における教会政治に対するひとつの神学的伝統と言いうるもので、これは先行研究にはっきりと表れる、この研究分野における特徴である[9]。

しかし他にも、本書の主題を正面から扱う先行研究とはならないものの、教会政治の歴史や原理を述べる研究は、全世界的にかつ多数なされてきた。そしてそれらの研究の傾向は、大きく次の三つに大別することができる。つまり、第一には、教会政治の歴史的側面とそこにおける変遷に着目している諸研究[10]であり、また第二には、教会政治の諸形態における原理原則を追求する諸研究[11]がある。さらに第三には、より実践的な、特定の教会規程の逐条解説を意図した諸文献[12]がある。そしてもちろんそれらの研究からも、本書の主題のための多くの資料と示唆を得ることができる。

第二節　「政治」、「規程」等の言葉の持つ世俗性

なぜ教会政治は、神学的扱いの対象と見なされないのであろうか。その大きな理由のひとつに、そこで用いられる用語の問題があると考えることができる。

ここで教会政治という用語の枠組みを明らかにしたいのであるが、教会政治について論じる際に使用される諸々の用語には、Polity（政治）、Policy（政策）、Politics（政略）、Constitution（憲法）、Church Government（教会統治）、Church Order（教会規程）、Church Law（教会法）などの言葉がある。Polity（政治）はPolicy（政策）と同じ起源をもつが、Polity（政治）はPolicy（政策）よりも広い概念である。またPolitics（政略）は、Polity（政治）とは相容れない策動的な言葉である。さらにConstitution（憲法）は、Polity（政治）より狭い概念で、それは、教会がそれによって

導かれるところの基本原則を語る条文のことを指す。Church Law（教会法）も、Constitution（憲法）に近い概念であると言えるが、これはカトリック教会が教会法を語る際に用いる言葉であり、プロテスタント教会は通常それを、Church Order（教会規程）という用語をもって言い換える。そしてChurch Government（教会統治）とChurch Polity（教会政治）は、通常同義語と捉えることができるほど近い概念であるが、強いて言えばPolity（政治）はシステムを、Government（統治）は、教会のシステム内にある権威により焦点を当てる言葉である。Church Order（教会規程）とChurch Polity（教会政治）も同義と言って良い言葉であるが、Polity（政治）がより思想的な概念であることに対して、Order（規程）の方は、教会組織のありかたの具体的、また制度的な表現であると言ってよい[13]。よってChurch Order（教会規程）とは、教会の現在の姿、教会像、そして教会が自らの在り方として希求するところの方法論、制度論の提示であると言える。

そして本書において教会政治という言葉を用いる場合には、上記の定義に基づき、Church Polity（教会政治）とChurch Government（教会統治）という二つの言葉を含意する意味合いで、教会政治という言葉を用いることとしたい。

ところで、クルツェンは、「教会法独自の性格とは、それが基本的に他の法の形態から区別されることにある。……他の諸々の法とは異なる教会法の独自性は、それが聖書を源泉としていることであり、教会法を扱う人々は、教会法が扱う実践の聖書的根拠を説明できなければならない」(14)と述べている。言葉は、それ自体でその概念に作用する力を持つ。よって問題が生じるのは、教会政治と言う場合、特にその「政治」という言葉が「教会」という神学的文脈から切り離されると共に、さらに「教会」という言葉が「政治」という言葉に引きずられ、教会における法や政治が特徴的に有する、世俗的な法や政治に対する独自性が失われてしまう場合においてである。もし教会政治の、一般の政治から区別された独自性や特徴が失われ、それが世俗的な政治という言葉によって飲み込まれてしまう場合、そこに本来あるべき教会法と世俗法との区別性が失われてしまう。

そしてそのようなものとして教会政治が捉えられてしまう時、教会政治とそれに関連する諸々のことが、神学的なものから分離され、神学的なものとは見なされないということが起こってしまうのである。

その教会と政治の分離の帰結はどこに至るのであろうか。それは、教会と神の国との調和と、両者を結び付け、特に神の国の地上性における実現と将来についてリアリスティックに思惟する方向性を弱めるという結果を招くことになる。クルツェンも述べるように、「教会と規程（政治）との間の関係を神学的に正しくとらえる視座を持つことは、教会にとって本質的なことなのである。」[15]

第三節　ルター派の二王国論による教会対政治の二元論的理解

クルツェンは、ルターにおける福音と律法を区別する捉え方と、特にメランヒトン等のその後継者たちによって展開された二王国論、さらに見える教会と見えない教会を別個のものとして捉える思惟が、上記の教会と規程（order）とを分断する捉え方を醸成したものと指摘している。

クルツェンは、

ルターにとって律法と福音は同じ同等の秩序の上にはなかった。彼にとって律法とは、福音に従属するものであり、律法は人間に神の前での義をもたらしうるものではなかった。神の前における唯一の義の可能性とは、ただキリストの法則、つまり福音と福音によってもたらされる神の法則が真実に理解されることによってだけ開かれうるものであった。そしてルターは、律法の三つの用法として、usus theologicus：人間が罪を自覚すること、usus politicus：不信仰をいさめること、usus didacticus：信仰者の生活を導くこと、を捉えていたにもかかわらず、第三の用法については、それが人間の業による功績的な要素を過度に強調すると捉えていたため、語るのを避けた。そしてこの律法の第三用法についての問題のある捉え方は、ルターの後継者たちによってさらに助長された[16]。

と述べ、そのうえでクルツェンは二王国論について、「二つの王国の過度な区別の要因はルターにはなく、それはルター派におけるその後の展開の結果として生じた」としつつも、「ルターがキリストの王国とこの世の王国の過度な区別を為さなかったとしても、結果的には、ルターが提唱した区別性が、教会法と教会政治についての悲しむべき分離を引き起こした[17]」と述べている。ルター以後のルター派が確立した二王国論は、教会を世からキリストの王国へと隔絶させ、制度としての教会とそこにある教会政治を、世俗的なものとしてこの世界に取り残すようにしておくという結果を招いたのである。それによって教会政治は、霊的なもの、すなわち神学的なものとは見なされなかった[18]。ルター派教会における二王国論が制度としての教会の世俗的取り扱いに寄与するものとなったのだとすれば、それがプロテスタント教会全体の教会政治理解に与える影響は大きなものであったと言わざるを得ない。

第四節　ルードルフ・ゾームとブルンナーによる拒絶

教会政治を神学的なものと見なさないという主張を展開した、近代における代表的な人物として、ルードルフ・ゾーム（一八四一―一九一七）の名を挙げることができる。渡辺信夫は、教会法という言葉を巡る議論によって、既に述べてきた教会政治の消極的評価についての系譜を、宗教改革期から現代までの歴史に準じて説き起こしている。少々分量があるが以下に引用する。

教会改革としての宗教改革が教会の否定でなかったように、宗教改革もまた教会法の改革でこそあれ、教会法の否定でなかった事情には、深く留意しなければならない。しかし、遺憾なことに、われわれの周囲においては、教会法とはローマ・カトリック教会に固有のものであり、宗教改革以後の教会にはもはや教会法が存在してはならないかのような、漠然たる理解が普及している。

このような理解は、ひとつにはマルティン・ルターが宗教改革の決意の表明のために、教皇の文書とともに「教会法典」を公衆の前で焼いたことと結び付けて構成されたひとつのイマジネーションである。たしかに、宗教改革以後、カトリックの教会法は無用となる。けれども、宗教改革の教会が法的規制を持たないということはあり得ない。よしんば成文化した法規を持たないとしても、法的なものによって人格と人格の結び付きがなされていなければ、共同体は成り立たないし、神との契約の観念も成り立たない。事実、宗教改革は新しい立法をしていく。それを最も積極的に行った一人がカルヴァンである。

プロテスタントにおける教会法の誤解は、さほど古いとは言えないかもしれない。教会法を積極的に無視する思想が打ち出されたのは一九世紀であろう。一方では、敬虔主義の流れを汲む覚醒運動が、体としての教会を深く考えることを避け、覚醒した個人のムーヴメントとしての様相を呈するようになった。一方では、教会と国家の関係が自由化される趨勢の中で、教会を法的に把握する必要が後退したこともあげられよう。そのような時代的状況の中で、ルードルフ・ゾームが、教会的思考はプロテスタンティズムと相容れないものであるとの理論作りをした。この理論が広く普及し、エミール・ブルンナーがその理論の強化を試みたことは周知のところである。この見解にはげしく対決したのがカール・バルトであることもよく知られていると思う。バルトの認識は一九世紀的なものの清算の上に立つ彼の神学の一環であるが、単に彼の神学的営みにおいてのみでなく、彼と同時期に、一群の神学者たちが同じ方向性を持った努力を傾けていたことを看過してはならない(19)。

渡辺が指摘しているように、宗教改革期におけるローマ・カトリック教会への反作用として、教会法をはじめとした教会法規、すなわち教会政治への消極的な評価が登場したと言える。再洗礼派を中心とした宗教改革急進派は、それにさらに輪をかけた制度否定主義を採り、それは宗教改革者たちの目には、容認できないレベルの無政府主義として映った。

さらに、一七～一八世紀の敬虔主義の流れを汲む教会政治否定論者について、ベルコフは述べる。

クエーカー教徒や、プリマス教団のダービー派の人々の原理においては、教会政治のすべては拒絶される。彼らによれば、すべての外面的な教会形成は必ず堕落するのであり、それはキリスト教の霊性とは反対の結果をもたらすものと見なされる。それが人間的要素を神的な働きよりも高く扱うからである。またそれは、人間によって組織化された諸職務によって、恵みによって与えられる神聖さを無視し、結果として教会が、聖霊との生き生きとした交わりよりも、人間的知恵に頼るようになってしまうと考えられた。したがって、彼らはそれを不必要と見るだけでなく、見える教会を形づくる際の罪とさえ見なすのである。[20]

ここで指摘されている、教会政治が霊的でなく、聖霊の導きによる教会形成を阻むものであるという批判は、教会政治に対する代表的な反論であるが、しかしこの批判は、二元論的思考によって教会外を世俗的と見なし、制度的な事柄を霊的な次元と対立させる分離主義者の立場だけが展開している批判ではなく、同様の思考は、宗教改革以来、プロテスタント諸教会に脈々と受け継がれ、近代の敬虔主義を経て現代へと繋っているのである。渡辺は、近代においてそれがゾーム、そしてブルンナーらによって理論化されたことを指摘している。

ゾームは、教会法はこの世的なものであり、教会の本質とは相容れないものと捉えていた。[21] そしてここでも問題は、教会政治を本質的で霊的なものと見なすことができうるのかという点に収斂していく。[22] この点においてゾームを引き継いでいるとされるブルンナーは以下のように述べる。

これまでのわれわれの探究の結果として、何百年という間生じてきたいかなる教会も、新約聖書のエクレシアではないというテーゼが立証された。エクレシアからローマ・カトリック教会への変化は、エクレシアから何か全く異なったものを作り出した。即ち聖なる教会法の制度であって、その中では——少なくとも理論上——すべてが階層的教会組織によって規定されており、それに組み込まれ、従属させられている。しかしまた宗教改革の教会も、新約聖書においてエクレシアと呼ばれているものの再発見から生じ、このエクレシアを再建しようと試みたのであるが、その目標に達しなかった。なるほど宗教改革の教会は自らを《改革された》教会と呼ぶ。しかしそれは自己を教会と呼ぶうちに、その本質の中に制度の性格を取り入れ、それと同じ程度にキリストにおける兄弟関係の性格を喪失してしまった(23)。

この「エクレシア」というかたちの教会を新約聖書的、また本質的な教会と見なし、反対に「キルへ」を新約聖書から逸脱したカトリック的、階層的な悪しき教会のあり方と見なすことで、現状の教会が有する教会政治を本質的に批判するブルンナーの主張については、クルツェンも、「ブルンナーは、本来的なエクレシアと後天的なキルへとを分けて捉え、キルへの方は、固定化された規程を伴う制度であり、それはエクレシアの真の本質の誤解のゆえに生じたものであり、その際の教会法や教会規程は、聖霊の臨在の欠けを補う代用品にはならないと主張した」と断じている(24)。

第五節　無教会主義

次に無教会主義を扱いたい。無教会主義の問題は、本質的には前項のゾーム、またブルンナーの傾向の延長上にある議論として扱うことができよう。世界中に同じ傾向を持つキリスト教共同体は多々存在するものと予測できるものの、しかし、ある独特のかたちで日本に無教会派という教派が登場した。無教会主義とは、基本的には、信仰だけがあればよく、それ以外のものは要らないという教会制度否定主義であり、その在り方こそが、宗教改革の基本原理である「聖書のみ」「信仰のみ」をもっとも純粋な実践であると主張する立場である。

内村鑑三は不敬事件の後、キリスト者と既存の教会から強い批判を受け、さらに札幌から上京した際に、東京本郷教会への転入を拒否された。内村はそれによって教会から自らが捨てられたと感じ、教会に絶望し、無教会となることを宣言した。しかし内村の教会観においては、被造世界の全体が神礼拝のための礼拝堂と見なされるのであり、その意味で内村は、自分は無教会ではないとも語っている。この主張の背後には、「目に見えない教会」だけが真の教会であって、「目に見える教会」、つまり地上の制度的教会への低い評価がある。

しかしながら実際には、無教会主義といえども会堂を必要とし、牧師制度がないためにそれに代わる講師による聖書講義というかたちを取った説教が行われるなど、一定の秩序を必要としているのである。

しかし、聖書が語る牧師・長老・執事などの職制は、その職務を持つ人々に絶対的な権威や地位を許すものではなく、それらはキリストに仕えるという目的のために、教会における職務従事者の働きを明確化し、同時に相応しく制限するための職制制度であり、それを用いることによって教会が、特定の個人に権威と力が集中することを防ぐための仕組みである。したがって、教会がその制度、また職制と、それらを秩序付ける教会政治を欠くところにおいては、かえって、時に教会におけるキリストの主権を阻害するものとして働く人間の罪への歯止めが効き難くなるという問題が、構造的なかたちで生じてしまうのである。

第六節　長老主義教会政治神定論に見る護教論的傾向

コフマンは、ローマ・カトリック教会が自らの教皇制と聖職者位階制度を神学的な作業を通して正当化してきたため、プロテスタント教会は、そのことへの反作用として、教会政治を神学的なものとは見なさないという暗黙の前提に立ってきたのだと述べている。[25]この主張については、クルツェンも同様のことを語っている。「特にドイツの神学の世界では、教会法が神学の目次から外された。その理由は、宗教改革期においてプロテスタント教会が、歴史的に固定化され権威主義化された法によって守られたローマ・カトリック教会に強く抗議したためである。[26]」よってそこには、法に対する嫌悪がプロテスタント宗教改革を発端として継続的に生起してきたものと考えられる。

実際にルターもこう語っている。「まず第一に言うが、教会法、とりわけ教皇令集は、冒頭の文字から最後のものまで、徹底的に抹殺してしまうのがよいと思う。こんなものがなくても、私どもがあらゆる問題についていかに身を処すべきかは、聖書の中に十分に書かれており、教会法の研究などは聖書〔の理解〕を妨げるばかりである。[27]」

教会が自己の正当化を企てる時、確かに、聖書を恣意的に解釈することで構築した神学を、自己弁護のために護教論的に用いるということが起こる。聖書的とは言い難く、また聖書の純粋な理解を妨げるようなローマ・カトリック教会における教会法の神学的位置付けは、プロテスタント側からすれば不要で、きな臭いものと見えたのである。

しかしながら、そのカトリック教会に教会法理解とその扱いに対抗するかたちで現れたプロテスタント教会と、また後にプロテスタント教会の文脈の中で確立した教会政治制度である長老主義制度においても、実はそこにおいても教会は、自らの教会制度について、その正当性の主張と自己弁護のために神学的立論を必要としたのである。

その事例のひとつを、ウェストミンスター教会政治規程[28]が成立した時代における、長老主義教会政治神定論の中に見ることができよう。ウェストミンスター神学者会議の目的は、信仰告白、教会規程、礼拝指針、そして信仰問答を、スコットランド、イングランド、アイルランドの宗教的一致のために制定することにあったが、とりわけ教会政治規程の確立は、ウェストミンスター神学者会議の主要目的であり貢献であった。そして一六四五年に、Form of Church Government が完成した。この教会規程は、イングランドの土壌にて、イングランド、スコットランド、またアイルランドにおける長老派教会の教会規程としてかたちづくられたのであるが、最終的にそれは、スコットランド教会の大会にて、The Directory of Church Government として、一六四七年に批准された。そしてこの教会規程は、スコットランドのみならず、アメリカやその他の国々の様々な文脈における長老主義教会政治の規範となった[29]。

そしてこの際のウェストミンスター教会政治規程起草の背後には、長老主義の教会政治が神定であるのか否かという議論、つまり長老主義教会政治が神が定めた排他的かつ唯一の教会政治形態なのか否か、またそれは聖書的なのか否かという議論が生じた。それが長老主義神定論についての議論である。

ひと言で「神定」と言っても、そこには様々なレベルがあるが、(30)しかしこの神定論についての議論は、イングランド議会からウェストミンスター神学者会議に宛てて、「各個教会の長老会は『神定』によるものか。そもそも、何かある特定の教会政治が『神定』なのか。『神定』とすると、そのような統治は何か」という第一の質問に始まる、『神定に関する質問九カ条』が出されたことに端を発した。これに対して神学者会議は、二カ月をかけて討論を重ねたものの、しかしながら答えに至ることができず、そのことによって長老主義教会政治の神定問題は棚上げになったという経緯がある。(31)

聖書があるひとつの教会政治形態を、それだけが真理かつ神の御心に適う神が定めたものだとは語っていないということは、広く承認されている聖書解釈上の事実であるが、(32)ウェストミンスター教会政治規程は、その条文の聖書的根拠が自明ではない事実を覆い隠すかのように、長老主義の教会政治制度を語る条文の最後を「合法的であり、神の言葉に一致する(33)」と断定的に結ぶのである。

ここには、聖書の言葉に基盤を持つ、聖書的な実践を厳格に維持するということを追い求めた長老主義支持者たちが、長老主義教会政治の神定という点では、それに必要な聖書的根拠について、殊に曖昧かつ恣意的な解釈を採らざるをえなかったという歯がゆさが見える。[34]
この点については、デ・ウィットも以下の言及をしている。

ウェストミンスター神学者会議の最も記憶に残る足跡が、小教理、大教理、信仰告白という教義的な信条であるという言葉には、疑いを抱かざるを得ない。ウェストミンスター神学者会議が、第一の目的として為さなければならなかった業は、教会政治についての問題を解決することであった。神学者会議が解決することを期待されていた問題とは、イングランド教会を、聖書的かつ改革派的な政治体制へと据え直すという、およそ教義学的ではない、本質的に政治的な問題であった。[35]

つまり長老主義教会政治神定問題の議論の背後に第一ものとしてあったのは政治的な因子であり、しかしそこで教会が自らのその政治的な問題と立場についての自己正当化を行う際に、神学が建前を確保する論理的、また弁証論的手段として護教論的に用いられたという側面があったのである。

プロテスタント教会は、カトリック教会における教会法の扱いに対する反省とそれへの抵抗感ゆえに、教会政治、また教会規程が神学と悪い意味で癒着し、その際の神学が非聖書的で恣意的な性質を纏うことに対して、強い抵抗感を抱いてきた。しかし、教会政治と教会規程が教会の業として行われる時、それを神学的考察なしで行うことは不可能であり、神学的な思惟が教会政治に入り込むことは避けられないこと、また必須のことであるゆえに、プロテスタント諸教会は、より積極的に教会政治と神学の結び付きを自らの教会形成においても自覚していく必要があると言うことができる。

第三章　教会政治が神学として取り扱われるべき理由

第一節　教会政治の史的概観

以下で、教会政治が神学として取り扱われるべき肯定的理由を述べたいが、その課題に取り組むにあたって、教会政治を神学的に受け取るための判断材料を提供するものとしての、教会政治の歴史を概観したい。

第一項　初代教会と中世の教会政治理解

先立って、教会政治とは、教会の目的を実現させるために必須の神学的手段であることを確認した。しかし、その教会政治は歴史の中でどのように取り扱われてきたのであろうか。事実、教会政治は、教会史の中で幾度も問われ、また変化してきた。宗教改革が起こる前段階においては、教会政治は、神の国をそのまま体現するとされていたローマ・カトリック教会と、その教会論の正当性を支えるために、それに従属し、その体制を維持するべく機能してきた。しかし、宗教改革期において情勢は全く変化し、そこでは中世のローマ・カトリック教会が、宗教改革者たちによってその不動の教会政治のあり方に疑義を突きつけられ、新しい教会が生まれるという大変化が起こった。

宗教改革がルターによる「信仰義認」という教理の発見であったということは良く知られるところであるが、それは信仰に関する教理の改革であっただけでなく、教会政治の刷新でもあった。パースはこう述べている。「一六世紀の宗教改革においては、キリスト教信仰とキリスト教的組織に関することがその柱であった。第一に、そこには救済についての問いがあり、第二に教会の組織的側面に関する改革があった。そしてそこには、教会の優位性と統治の問題があった。[36]」またクルツェンも述べる。「新しい信仰と新しい教会政治は、合わせて提案される必要があった。両者は一体的であり、片方だけの提示のみで事が収まるということはあり得ない。[37]」

また、教会史において度々起こってきた見える教会の変化は、常に教会政治のあり方についての本質を問う変化でもあったゆえに、その歴史的概観は、教会政治について考えるうえで省くことのできない前提である。宗教改革以前の歴史は、大きく分けて、初代教会と中世の教会に分けることができる。

第二項　ローマのクレメンス

ローマのクレメンス（没年一〇一）は、コリント教会が、教会内に起こった意見の相違によって、長老たちを罷免した際に、教会政治についての手紙を書き送った。ストーンは、その手紙と教会制度との間の関係に着目し、その点についてまとめている。「その手紙は、初代教会の成長と広がりのコンテキストの中での、一致への関心を扱っており、使徒たちとその後継者たちを通して、教会がキリストに結び付くための神聖な制度として機能し、司教への服従による一致を確立することを求めていた[38]。」またフェーレンバッハもこう述べている。「クレメンスは、まだ後の発展のための余地は残しつつも、最初に教会の職制についての理論を提示し、教会史の中にあって教会の職務を神学的に理論づけた最初の人物である[39]。」

第三項　イグナティオス

次に、アンティオケのイグナティオス（およそ三五―一一〇）が、司教と長老を区別したゆえに、言及されるべきである。彼はこう語っている。「このように、あなたがたが、司教の心にいつも一致し、行動においてもそれに倣うことこそが、ふさわしいことである。長老たちの会議にとって、神の名と栄光を高めることは、まるで琴の弦を奏でるように、司教と調和することであり、それによってあなたは、イエス・キリストが歌う愛と一致し、調和することができるのである。[40]」これは、司教と、長老主義的教会政治形成の鍵である長老との関係において、注目すべき言及である。このようにして長老、司教は、最初期の教会において、既に教会における中心的な職務だったことがわかる。そしてそれらの職務が向かう先は、何よりもキリストの愛との調和であった。

第四項　ディダケー

さらに、紀元八〇～一五〇年の間に編集されたディダケー（別称「一二使徒によるキリスト者への教え」、あるいは「使徒の教え」）は、教会規程の最初の原型と見なされている。[41]それは、聖めに至る道、そして、洗礼、祈り、聖餐、断食、巡回使徒と預言者の待遇などのマニュアルを含んでいる。そして、ディダケーは、司教と執事の二つの職務を想定している。彼らは教会の信徒によって選出されるべきとされた。ブランドは、ディダケーが聖職者階級制的な、主従関係の構造を持っていたと指摘している。[42]そして確かに、ディダケーのテキストには、「酒蔵と脱穀場から出る最初の実り、また牛や羊の初子の全ては、預言者たちに与えられるべきである。なぜなら、彼らはあなたがたにとっての尊き聖職者たちだからである[43]」と語られている。これをもってディダケーが階層主義的性格をもっていると判断することはできないものの、ディダケーが、初代教会にとってある権威を持った規程として機能していたことは確かである。

第五項　教皇制

いわゆる教皇制と呼ばれる、監督主義的教会政治形態は、カルタゴの司教であったキプリアヌス以降、つまり三世紀以降から形成され始めた[44]。ブランドは述べる。「紀元二〇〇年までに、教会を階層的な組織として理解する傾向が強まり、そこでは司教が頂点に位置し、長老が中位、そして下層に信徒が位置付けられた。この時期までに、教皇の独裁的支配（支配者としての司教の権威）が完全に打ち立てられたと言うべきではないが、この時代の司教たちは、譬えるならば、長老主義のシノッドの招集者というよりもむしろ、最高裁判所の裁判官たちに近い存在だった[45]」キプリアヌスは、マタイによる福音書一六章一八〜一九節の解説において以下のように語っている。「私たちが畏れ、守るべき我らの主の教えは、司教殿と主の教会への御心に帰されている。数々の時代と継承を経た司教たちの任職と教会制度は、教会が司教たちと、また同じく彼らによる統治された教会のすべての業とによって打ち立てられることを通して、受け継がれている[46]」よって司教は、ペトロの後継者として天国の鍵という権威を持っていることが前提とされており、教皇におけるペトロの首位性の継承というこの点は、既にこれ自体がローマ・カトリック教会の教会政治を支える大きな神学的柱であった。さらに、司教が天国の鍵を司る権威を持っているという教えは、教会を統治することを通して司教が救いを与えるか否かを決することができるという、ローマ・カトリック教会の教職者位階制という教会政治制度自体が、政治的権威のみならず、救済論的な権威をも有していたことを意味している。そして当然その帰結として中世ローマ・カトリック教会に付与されたのは、神的権威の絶対性であり、それゆえキプリアヌスは、「誰でも教会から離れて姦婦と交わるものは皆、教会の約束から離れていきます。そしてキリストの教会から離れ去る者はキリストの報いを受けることができないのです。彼は他人であり聖徒ではなく敵なのです。教会を母として持たない者は、神を父として持つことができないのです。キリストの平和と和解を破壊する者はキリストに反する者であり、教会以外の場所に集う者はキリスト教会を散らす者です[47]。」と、ローマ・カトリック教会と神の存在とを同一化して語ることができたのである。そこではローマ・カトリック教会という制度的教会そのものがまさに神と同等の存在なのであり、それがどのような言葉であろうとも、教会が語る言葉そのものが疑義を差し挟む余地のない、まさに神の言葉だったのである。

第六項　アウグスティヌス

アウグスティヌス（三五四―四三〇）は『神の国』を著し、見える地上の教会に属することが、そのまま自動的に天的神の国に入ることを意味しないと主張し、キリストへの信仰こそが、救いのための最も重要な要因だと主張した。この見解が、後に彼の後継者たちに、とりわけ宗教改革者ルターによって、「見える教会・見えない教会」の教理として展開されたのである。地上的な教会と、天的神の国とをいかに区別し、その違いを知覚しうるのかということについて、アウグスティヌスは述べる。

（民の）中には、サクラメントの交わりにあずかりながらも、聖徒たちの受ける永遠の嗣業を将来共にすることのない者たちが含まれているのである。彼らの一部は隠れているが、他の一部はあらわである。彼らは神のサクラメントをうけているのに、神に敵対する者たちと共につぶやくことをためらわない。……しかしながら、きわめて明らかな反抗者たちの中にも、たとえ彼ら自身は知らないとしても、私たちの友となるように予定された者たちが隠れているとすれば、まして今述べたような者たちが矯正されることに絶望してはならない。確かに、最後の審判が分けるまでは、これらの二つの国は、この世の中にあっては互いに絡

み合い、混合しているのである。(48)

アウグスティヌスが、この二つの国を、完全に分かたれた概念として考察せず、この二つの国を、織り交ざる、混ざり合う、というフレーズを使いながら結び付けたということは重要である。彼は両者を分離しなかったが、その分割と概念の展開は、アウグスティヌスの洞察を受け継いだ宗教改革によってなされた。ただ、彼にとっては、教会とはただ見えるカトリック教会を指したのであって、その点で彼はキプリアヌスと同じ理解に立ち、カトリック教会の外にあるような教会を想定していなかった。そしてこのアウグスティヌスの後においては、教会論が中世の長きにわたってさらなる展開を見ることはなかった。

第七項　中世の教会政治

パースは、教会政治の問題に対する中世の教会の状況を、以下のように説明している。

どのようにすれば、イエス・キリストによって治められることが可能なのか。教会とその会衆は、どのようにして組織化されるべきなのだろうか。中世ヨーロッパの教会において、このような問いは発せられることがなかった。権威者を持つ人々は、教皇と司教による教会組織を、新約聖書と歴史的伝統から導き出される、唯一有効な政治形態だと考えていた。教会は、聖職者たちの代表者であり、大部分を占める一般の信徒たちとは分かたれた、教皇と司教たちの階層によって独占的に導かれる、聖職者による組織であった。(49)

教皇の至上性について言えば、教皇制は多大な力と権威と富を、インノケンティウス三世の時代に有するようになった。(50)インノケンティウス三世は、「太陽よりも、その品質、質量、位置付けにおいて下位に位置する月が光を太陽から受けるように、王子の力も、教皇の権威からその威厳を受け取るのである(51)」と主張した。トマス・アクィナスは、「教会は、地上、天上、そして煉獄という三つの部分からなっている(52)」と語り、さらに「このように、ペトロによって建てられた教会のみが、常に信仰において確かであり、反対に、世界のその他すべての部分には信仰が全くなく、同時に、そこには多くの誤りが混在している(53)」と語った。このようにトマスは、伝統的な二分法に加えて、第三の煉獄というカテゴリーを教会理解に加えたが、しかしそれでありながらも、トマスが、ローマ・カトリック教会を唯一の真なる教会として捉えた点は揺るがなかった。したがって、そこには教会政治についてのいくつかの思想的な動きはあったにせよ、中世におけるローマ・カトリック教会の教会政治理解の本質的変更は見られなかった。[54]

第八項　ルターとツヴィングリの教会政治

宗教改革期において、ルターは基本的に教会論よりも救済論に集中し、司教とその他の指導者たちによって導かれる教会的階層構造を維持した。パースはルター派教会と古いローマ・カトリックの司教制の類似性を指摘し、こう語っている。「ルター派教会は、違う方向性と組織形態を採用したが、それらは司教制的な構造を残していた。ルター派は、教会論のヴィジョンについて、カルヴィニズムを手本として受け入れず、会衆の上に地域の領主と教会を治める監督によって支配される権威構造を作り上げ、信徒が教会の中で発言権を持てないという問題を積み残した。彼らの教会政治は、アングリカンチャーチのように、ローマ・カトリックの司教制を真似たのではなかったが、しかしそこには類似性があった。[55]」

しかしながらルターは、先程のアウグスティヌスに見られた、「見える教会・見えない教会」という概念を確立し、それによってカトリック教会を絶対視することなく相対的に見ることで、宗教改革の原動力とした。

ルターは最初期の、教会の本質について初めて本格的に論じた著作である『ローマの教皇制について——ライプチヒの高名なローマ主義者を駁す』[56]（一五二〇年）において、「ここに二つの教会を、異なった二つの名で呼ぶことにしたい。第一は、あるべき根本的本質的な真実のものであって、私たちはこれを霊的・内的なキリスト教会と呼びたい。第二は、作られた外的なものであって、私たちはこれを身体的・外的なキリスト教会と呼びたい[57]」と述べて、「見えない教会」と「見える教会」という、二重の教会概念を提唱した。そして両者においては前者の「見えない教会」こそが本質的な意義を持つものとされている。ルターはその「見えない教会」を定義して、「本来の、真の、本質的なキリスト教会は霊のうちに存するのであって、なんと呼ばれようがいかなる外的なもののうちにも存しない[58]」と述べ、その見えない超越性と彼岸性を言い表している。

ルターはこの二重の教会概念によって、「教会の外に救いなし」という、「ローマ・カトリック教会」と「教皇」という特定の教会と特定の人物に一元的に神の救いを結び付けてきたカトリック教会の教会理解に否を突きつけ、「見えない教会」という、隠された不可見的・霊的次元における教会の存在を強調し、「カトリック教会の外」にも、神の選びの教会は不可視的に存在していると断じ、そのことをもって、「プロテスタント教会」と呼ばれるようになった新しい教会の樹立への道を開いたのである。

しかしルターにとっては、「見えない教会」はあくまでも霊的であり、見えない存在であり、隠されているがゆえに、この二重の教会概念の提唱ゆえの、教会の存在論的・空間的二元化が起こっているのではないかという懸念も提示されている[59]。

またルターと同様に世俗権力との親和性の中で教会改革を推し進めていったツヴィングリにおいても、礼拝を中心とした改革は行われたものの、教会政治の改革が進展することはなかった。ルターとツヴィングリの両者の教会政治に言えることは、世俗の権威がそこでの大きな力を持ったということであり、二人の改革者は、教会における国家の優越性を認めるという点で同じ枠組みで捉えることができる[60]。

しかしながら、ツヴィングリによってルター以上の強度で見られる国家と教会の一体化の傾向は、再洗礼派に対する彼の警戒という文脈によって殊更強化されたものと捉えられるべきである。パースはさらにこう語る。「ツヴィングリの神学は、自由で聖なる教会を志向した急進的再洗礼派の挑戦の下で成熟した。再洗礼派が考える自由教会のあり方は、ツヴィングリによって拒絶された。ツヴィングリは、急進派の中にある無政府主義的な傾向を恐れたのである。またもうひとつの理由として、ツヴィングリは、再洗礼派による騒乱から教会を守ろうとした[61]。」

第九項　カルヴァンの教会政治

それに対してカルヴァンは、教会政治を教会改革の重要な要素と見なし、世俗的権威からの教会の自律を強調した。カルヴァンにとっての教会政治の基礎は、神の民を超えて生きるイエス・キリストの全き支配であり、イエス・キリストによる教会統治方法とは、彼の代理者としての教会の職務従事者を通して教会政治を行うというものである。よってカルヴァンにとっての教会政治とは、常に教会の諸職務と共に機能するものであり、特に、小会（コンシストワール）のメンバーである牧師と長老による、教会内部の有機的な協働的組織によって為されるものと捉えられた。[62] そしてカルヴァンは、牧師、教師、長老、執事という四種類の職務を教会に置いた。[63]

また、教会政治の面で最も注目に値することとして、カルヴァンはローマ・カトリック教会の司教制的な秩序に抗うかたちで、教会政治に反聖職者位階制的な原理を取り入れた。[64] カルヴァンは、長老たちをはじめとする教会統治者たちは、教会の信徒たちによって選ばれるべきだと信じていた。なぜならカルヴァンにとって、教会の信徒たちによる長老の選挙は、市民的権威からの自立を伴う新しい教会政治改革への要石であったからである。アルストンは述べる。「中世の教会における権力の行使は、改革者たちにとってはプロテストを辞さずにはいられないほど強いものであり、そのような聖職者位階制の下では、教理の改革の望みは薄いものとなるほかなかったが、改革者たちは、その教理的宗教改革のための活路を、教会政治を福音の真理を載せる担い手とすることによって見出したのである。[65]」

しかし、一五四一年のジュネーヴ教会規程において、教会役員の選挙と任命が市参事会によって為されるものとされたことにより、全ての会衆による反聖職者位階制的な教会政治は一五六一年の教会規程の改訂に至るまで実現しなかった。[66] よって長老が会衆によって選ばれ選挙されるという、カルヴァンの理想としていた教会政治は、現実的な実践の伴わないアイデアに終わらざるをえなかった。[67] しかしながら、カルヴァンの本質的な願いは、中世以来、聖職者階級と一般使徒との間に歴然としてあった壁を打ち破ることであったのであり、そこに風穴を通したカルヴァンの実践は、自律的な教会政治のもとでの、反聖職者位階制という教会政治を打ち出した長老主義教会政治の出発点と見て取ることができる。

第二節　教会政治の神学的扱いの必要性

極めて簡略な形ではあったが、宗教改革期までの教会政治の歴史的概観を行った。その概観に基づき、教会政治の神学的取り扱いの意義について述べたい。そして、そのために、そもそも神学という言葉が何を意味するものであるのかを、改めて確認したい。

「神学」（theology）という言葉は、theos（神）とlogos（言葉）という語から成っている。したがってそれを語源的観点から考察するならば、神の言葉化、言語化が神学であるということになる。しかしながら、神の言語化は、我々がいたずらに行うことができるような事柄ではない[68]。神についての言葉は、人間が生み出す人間からの言葉ではなく、神から来る啓示に基づく言葉であり、さらにそれは、神の啓示の言葉である聖書に基づいた神の言語化である[69]。

つまり教会政治の神学ということが考えられる際、それは、教会が神の啓示を正しく受け取り、より強くその啓示と神の意志に自ら拠って立つことができるようになるために、序論の言葉を繰り返すならば、キリストの王的支配を地上の教会において確立するために、教会政治を神の権威ある啓示としての聖書という土台から作り上げることであり、それは、「聖書の御言葉の、教会規程による、現実の教会への適用」という、高度に神学的作業であると言うことができる。

第一項　全ての組織のための秩序と政治の必要性

現実に存在するすべての組織は、その組織を成り立たせる秩序と政治を必要としている。スタントンとノルマンは教会政治についてこう語っている。「教会政治とは、各個教会や、ひとつの教派がそれらの教会そのものを組織作り、運営していくうえでの信念を、典型的に反映するものである。[70]」またホールも語る。「見える教会は、その徴が、そこに忠実に実現されている時にこそ機能する。即ち、教会の徴のひとつである教会訓練あるいは教会政治は、教会においてこの上なく必要不可欠のものなのである。[71]」さらにクルツェンも同様に述べる。「教会規程は、なくてはならないものである。実際、それがごく小さく簡素な教会規程であったとしても、それ無しではいかなる教会も存在しえない。[72]」教会は地域レベルでは信仰者たちの共同体であり、より大きなレベルでは、ひとつの教派というかたちでまとまる諸教会の集合となる。そして教会は、その具体性と活動とにおいて、見える形をもって、具体的に現実化する組織である。その際ノルマンは、見える教会の形態を、教会の職務、会員、教会訓練、そして教会のはたらきの、四つの側面に分け、それらの四側面は、それぞれの教会において、必ず特定のかたちを持つとした。[73]

このように、見える教会においては、信徒と教職の関係や、教会の種々のはたらきや、教会訓練の具体的なあり方を含んだ、それぞれの教会における教会政治形態が、不可避的に表出し、形をとることになる。

第二項　教会政治に現れる教会の神学

さらに教会政治は、教会に対するキリストの主権と、その教会政治が拠って立つ聖書的基礎を指し示す。パースは述べる。「教会はキリストの体である。教会の政治構造は、そのリアリティーを反映すべきである。そのような聖書的な構造は、教会をキリストの使命を遂行する代務者として行動することへと促す。そしてそのような教会こそが、世界にある様々な課題に対して、十分に答えることができ、また、その世界において真に必要とされることを示すことができるのである。[74]」

そして教会政治は教会の神学的立場をも反映させる。アルストンはカルヴァンを引用しながら述べている。

カルヴァンが語ったように、為政者と政治なしの都市や街が機能することがないように、教会は、霊的な政治を必要としている。「教会規程は、教会における霊的な統治を維持するために形づくられているのである。」言い換えれば、カルヴァンや、カルヴァンの薫陶を受けた人々は、「信仰は、それ自体が表現する形態と、決して切り離されることはできない」という事実を直視していた。それぞれの教会における政治は、そこにおけるキリスト者のアイデンティティーを反映すると共に、形づくる。それは、教会の本質について、また権威の根拠について、また罪のリアリティーについて、救いの約束について、そして希望の内容について等の、神学的共通理解を反映しているのである。そしてそれぞれの教会における教会政治は、そこにいる人々が何を信じるのかについてもまた、決定的な影響を与える。なぜなら、教会規程の中にこそ、キリスト者がいかに礼拝し、学び、祝い、仕えるのかが、含まれているからである。(75)

さらにジャンセンは、教会規程の包括的な見解と、教会生活の結び付きについて述べている。

改革派の教会規程は、教会の具体的な歩みの補遺として理解されてしまってはならならず、それは、教会生活の大切な一部である。ではそれらは、どのようにして共存し、教会政治はいかにして教会生活と結び付き、それを自らに反映できるのだろうか。教会政治によって制度化された教会生活は、教会の本質を余すところなく表現することはできないが、しかしそれは、少なくとも教会の基礎的な責務を表現するものでなければならない。(76)

第三項　罪ある人間にとっての秩序の必要性

神学的な視点から、かつ人間論的観点からさらに教会政治について考える際に、ホールの次の言及は至当である。「人類の腐敗と堕落が、政治を必要としているのである。それは堕落した状態に対する反応である。もし罪がなければ、政治の必要はなかったのである。つまり罪のない世界があるとすれば、そこでの政治は、不必要な邪魔者でしかない。[77]」罪は無秩序、カオス、そして無法状態を意味するゆえ、改革派教会の人間理解の伝統において特徴的である罪の破壊的な力についての原罪の教理による深刻な認識が、人間の罪深さを前提としつつ、それを抑制し、矯正しうるような教会統治制度をもたらしたと言うこともができる。

仮に教会政治が無ければどうなるか。そこでは教会は、教会政治に代わる何者かをルールにしなければならなくなる。そして、罪を減退させる、人間の原罪についての深刻な認識に立つ教会政治制度がない場合には、必ず人間の罪が、人間自らを支配し導く法則として頭をもたげてくることになる。その結果、そこでは当然のこととして、罪をはらんだ自らの人間的経験則や思惑が、教会において大きな影響力を持つことになる。そしてその場合に必然的に教会は世俗化し、また保守化する。人間は放っておけば、神の言葉ではなく、人間の言葉と力と誉とを欲するため、そこでは罪を孕んだ人間の存在や言葉が規範化してしまうのである。よって、その人間の罪とは対極の、神の、聖書に依拠した人間理解とそこから必要とされる秩序が意図して重んじられなければ、教会という共同体の要は、結局は神の言葉ではなく人間の言葉と権威になってしまう。よって、教会規程という具体的な枠組みを持たない、つまり教会政治が機能していない教会は、その意味で人間頼みの教会となってしまう。聖書的な教会規程に基づく教会政治は、良い意味で人間頼みではない教会を志向し、教会の職役者や他の人間の人格に依存しない、そして人間の罪の力に振り回されることから極力守られた教会を建てることに務めるのである。

このような思惟のもとで、教会政治は、それ自体が自己目的化されるのではなく、あくまでも教会が聖書的な教会となるための、教会の状況と文脈に合わせて可変的な手段として、より良いものに改変されながら保持される必要がある。

第四章　改革派教会の反聖職者位階制的教会政治原理

ここでは、教会政治一般における神学的側面の考察に加えて、改革派教会の、つまり長老主義教会政治の教会政治原理を見出すべく、三つの主題について論じたい。そしてそれら三つの主題を通して明らかにする事柄とは、改革派教会の長老主義教会政治の中に位置づけられている、反聖職者位階主義的な、非階層主義的な本質である。

既に第二章で瞥見したように、宗教改革期においては、救済論についての教理的理解と共に、教会制度と、それによって統治される教会の信徒との関係がいかにあるべきなのかという事柄が、具体的な大きな課題となった。

中世ローマ・カトリック教会は、教皇と司教団による教会政治を唯一の絶対的な教会政治制度として保持し、そこにおいて教皇と司教の聖職者集団は、教会の大部分を占める一般信徒とは隔絶された強固な一枚岩の支配者集団を形成していた。そこでの教皇は、グラティアヌスの教皇教令集が「全ての王たちと、王子たちと、市民の統治者たちの究極の王」と定めているように、教会においてだけでなく、社会においても、キリストの権威を代表する存在として捉えられていた。しかしその教会政治機構は次第に侵食され、宗教改革によって、ついにそのローマ・カトリック教会における聖職者階級の一枚岩が打ち破られ、それがプロテスタント教会において、改革派教会による長老主義教会政治制度確立の発端となった。

具体的にそれは、教職者間の平等の確立と、信徒による牧師と長老の民主的選挙、また信徒が牧師や長老に選挙される権利の確立として現れた。それをカルヴァンが公に提起し、カルヴァンはその完全な実現にまで至ることはできなかったが、ア・ラスコなどの後の改革者たちがそれを実現させていったのである。この章においては特に、改革派教会の教会政治原理の青写真を示すものとしてのア・ラスコの実践について扱いたい。

第一節　司教制へのアンチテーゼとしての長老主義教会政治

改革派教会の教会政治原理を明示するための三つの主題のうちのひとつめは、改革派教会の教会政治の原理が、司教制への反対、対立、つまりアンチテーゼをその最も根本的な動機としているという点である。宗教改革運動とは、教義における改革であっただけでなく、教会制度における大きな改革でもあった。そして長老主義教会政治の誕生は、歴史的にはローマ・カトリック教会の司教制に対する、反省的かつ逆方向を取るリアクションであったと言うことができる。

教会政治制度についての通俗的な説明によれば、教皇を頂点とするピラミッド型の監督主義政治制度に対して、その逆を行くのが会衆主義政治制度、そして長老主義教会政治制度は両者の中庸と見なされることがある。それは分り易い説明ではあるが、しかしながら、歴史的事実とは異なる。

長老主義教会政治制度は、宗教改革時において、聖書よりも伝統と政治的既得権益に立脚し、またそれらと一体化していたローマ・カトリック教会の教会政治に抗い、より聖書的な原理に基づきつつ、さらに教会政治を俗権に他律的に執行されるままに委ねるのではなく、教会が自律的にそれを行使するために確立された教会政治制度である。そのような長老主義教会政治は、その歴史的な文脈において、ローマ・カトリック教会の監督主義政治制度と、またそこにあった聖職者位階制の対極をなす教会政治形態として登場した。よって長老主義教会政治とは、監督制と会衆制の中間に位置するべく設計された教会政治制度ではなく、監督制の正反対に位置する。つまりローマ・カトリック教会の監督制、司教制、そして聖職者位階制への対立軸としての、反監督制、反司教制、反聖職者位階制を突き詰めるべく生み出された、非階層主義的な教会政治制度なのである。

ルーカス・フィッシャーは、長老主義教会政治ついての歴史的、神学的考察の結果として、以下のように語っている。「歴史的観点に立つならば、改革派と監督制諸教会の協調は、ほぼ不可能だった。なぜなら、長老主義の教会規程は、監督制の教会規程との対立軸の中で、自らをかたちづくってきたからである。それゆえ長老主義の教会規程には、強い反監督主義的性格がある。(78)」

因みに会衆主義政治制度の起源は、アナバプテストらのセクト的、また単立教会的な共同体であり、それは監督制、長老制に対して第三の政治制度を提示しうるような組織的な教会政治制度を宗教改革期当初には提示することがなかった。

この歴史的経緯から分ることは、長老主義教会政治にとっての最重要事項とは、教会が、反司教制、反聖職者位階制の方向性を取ることであり、教会が反官僚主義的な原理を教会政治の本質に据えて歩むことである。それは具体的には、牧師を含め、教会役員などの教会のリーダーたちが、個人的、また単独で、独裁的に意思決定をせずに、長老会による長老たちの集合体の中で、会議によって意思決定を行うこと、そして司教制に見られた上意下達の制度によって官僚的に教会を導くのではなく、それとは逆の、非階層主義的なありかたを教会内部において、特にその政治的意思決定において実現できるよう努力することを意味する。

そして実際に、長老主義教会政治は、司教による監督主義政治、またその根底に流れる少数の独占的支配階級による教会政治に対抗する、当時においては考えうる限りにおいて、最大限に民主的な教会政治であった。しからば改革派教会における長老主義教会政治の本質的狙いは、権威主義的な方法で少数者が教会を治めてしまうことを避けて、反権威主義的、反官僚主義的な教会の形成を目指す、民主的で非階層主義的な教会政治制度を確立することなのである。

第二節　ヨハネス・ア・ラスコとロンドン亡命者教会

ここで、本章におけるふたつめの主題として、ア・ラスコ（John à Lasco 一四九九—一五六〇）の教会政治についての実践について詳しく取り上げたい。カルヴァンにその出発点を見ることができる長老主義の教会政治を、以後発展させ牽引した人物は、ア・ラスコだった。彼は大変特徴的な国際人であり、エラスムス、ツヴィングリ、ファレル、メランヒトン、ブツァー、クランマーらとの交流があり、さらに他にもブリンガー、エコランパディウス、カルヴァン、ジョン・ノックスらとも関係を得ていて、その交友関係は驚くべきことに当時の主要な宗教改革者たちを網羅している。[79]

彼は、エドワード六世の即位と同時に様々な国からロンドンに押し寄せた亡命者たちに対して、一五四八年に、カンタベリーの司教であったトーマス・クランマーによって、ロンドン亡命者教会の監督として招聘された。そこでは、ドイツ、オランダ、フランス、イタリア人たちによる亡命者教会が相次いで組織され[80]、エドワード六世による承認を得た亡命者諸教会は、聖職者を会衆の中より会衆自らによって選出することができるという、注目に値する自律性を持つことができた。ロンドン亡命者教会は、国家からの自律性に加えて、国王の庇護の下でロンドンにおける周辺諸教会の干渉からも守られており、自由に自分たちの欲するところを教会において実践できるという、極めてユニークで注目に値する自律性を与えられていた。そしてその教会の高い自律性は、ア・ラスコが、亡命者諸教会の監督として、外部からの圧力を受けずに、彼の望むままの方法によって教会政治の理想を実現できることを意味していた。そして彼らはそこで、非階層主義的で、脱官僚主義的な、長老たちの会議によって成る長老主義教会政治を、つまりカルヴァンがその実現を願いつつも、ジュネーヴで晩年まで実現できなかった教会政治を、ロンドン亡命者教会において展開したのである。そして、そこで機能したのが、二〇〇頁以上に及ぶ『ロンドン教会規程[81]』である。

第一項　ロンドン教会規程の意義

ロンドン教会規程は、ア・ラスコの思惟を理解する上でも最も重要な文書のひとつであり、同時に、改革派教会の教会政治の原理を知る上でも大きな手掛かりとなる教会規程である。なぜなら、実はその原著の表題は『ロンドン教会規程』ではなく、ラテン語でForma ac ratio（形態そして理念）と名付けられているからである。つまりそれは、単なる教会政治規程に留まらない、教会政治における神学的な理念をも豊かに含んだ教会規程となっているのである。

スプリンガーはこう述べる。

このア・ラスコの重要な業績としての、Forma ac ratio は、一六世紀以降のプロテスタント教会においてとても良く知られたものとなった。彼のこの著作は、他の同様の著作と共通する構成を持っており、聖職者の職務と彼らの義務について、教役者の選任について、礼典執行について、訓練について、断食について、婚姻について、葬式や病者の訪問についてなどを含んでいる。そしてその教会規程は、ア・ラスコ自身の普遍的キリスト教会に基礎を置く典礼と、実践とを含む形で、それが公にされた一五五五年の時点での、教会改革のための最も包括的な青写真を差し出している。ア・ラスコは、この著作が神学者たちの教義的一致と幅広い対話のための、不可欠な役割を果たすことを意図した。彼は教会における信仰告白的分裂の増大を深く憂いており、彼らの相違に打ち勝つための共通の基盤を示すことを願っていた。そしてついに、キリスト教会の制度のより良い理解を導き、教会における一致と正統主義的信仰を回復したのである。(82)

次項に、この『ロンドン教会規程』の版行経緯について記すが、その版行過程も合わせ見るならば、スプリンガーの語る通り、ア・ラスコは、『ロンドン教会規程』によって、ロンドンのみならず他の全ての改革派諸教会によっても活用されることが許されるような、ある普遍性を備えた、改革派教会における長老主義教会政治の本質を著そうとしたと考えることができる。

第二項　『ロンドン教会規程』の版行過程

『ロンドン教会規程』の版行過程には、注目すべき経過が示されている。ア・ラスコは一五五三年六月に、ブリンガー宛ての手紙の中で、次の冬が来る前に新しい教会規程をお見せすることができるだろうと記していたが、しかしその手紙が書かれた次の月にエドワード六世が死去し、プロテスタントを迫害したメアリ一世が即位したため、その計画は頓挫してしまった。ア・ラスコはロンドン教会規程の草稿を手にしたまま同年九月にイングランドを発ち、翌年一五五四年にエムデンに辿り着く。そして教会規程は一五五五年になってようやく、フランクフルトの出版社から版行された(83)。

つまりア・ラスコは教会規程の執筆を、ロンドン外国人教会がメアリによって解散させられた後においても継続し、イングランドを去り、大陸に戻ってからそれを完成させた。そこでは、ア・ラスコがなぜイングランドでの働きを終えた後においても教会規程の執筆を続けて、それをあとになって完成させたのか、そこにあったであろう意図が問題になる。

その意図として少なくとも明確なことは、ア・ラスコがロンドン教会規程を、ロンドン外国人教会のためだけのものだとは考えていなかったということである。それを裏付けるように、ア・ラスコがラテン語で記した教会規程は、オランダ語、ラテン語、フランス語、ドイツ語へと次々に翻訳されて版を重ねている(84)。この様々な版による翻訳・出版は、ア・ラスコ本人の教会規程を広めようという意図と共に、この教会規程に対する周囲の関心の高さと捉えることができる。実際に、信仰告白やカテキズムがこのように数多くの言語に翻訳されるということはあるが、教会規程がここまで迅速に翻訳されて出版されることは異例である。つまりア・ラスコはその教会規程を、ロンドン外国人教会という文脈以外においても普遍的な意義を持つ、広くプロテスタント宗教改革の本質とその青写真とを現わすものとして認識し、その自覚のもとで、それを完成させ、版行したものと考えることができるのである。

第三項　『ロンドン教会規程』が語る長老主義教会政治の原型

教会の職務については、ア・ラスコの教会規程の第一章において、牧師と長老を、宣教長老、治会長老というかたちで、長老職というひとつの職務に、歴史上初めてカテゴライズした(85)。この実践は今日でも世界の長老派教会にて継承されている。

ベッカーは「職制の数の問題は、教会におけるヒエラルキーの問題でもあり、その限りで、のちの教会の中で重要な役割を果たした(86)」と語っている。そしてこのベッカーの指摘が正しいのであるならば、教会にいくつの職制を置くのかという問題は重要であり、その職制が少ないほど、教会はより全体がフラットで平等な、全ての部分が大切に尊重される、ヒエラルキーのないキリストの肢体としての教会に近づくということになる。その点で、長老と執事という二職による職制を主張し、さらにそれを詳細に規定し実践に移したア・ラスコの職制論は注目に値する。

しかし一方で、プロテスタント教会においては、職制の数はそのまま単純に教会構成員の序列を意味するものではもはやなかったとも言え、その職制の区別には、聖書に現れる職制に関する語句をどう解釈し、聖書がいかなる職制を標榜しているのかを判断する聖書釈義が、より重要な問題として関係していた。

そこで、職制の数と同時に大切になってくるのは、誰がその職務に選任されることができるのか、さらに直接的に言うならば、教会の一般会衆はその職務に選任されうるのかという、信徒による職制への、つまり教会政治への参与の問題と、さらに教役者の選出についての権威の所在が、つまり教会政治における主権がどこに置かれているのかという、二つの問題である。

第四項　教会政治への信徒の参与

ア・ラスコは新しい教役者を選出するための詳細な条文をロンドン教会規程において提示している。その選挙規則とは、使徒たちの教会から継続して強調されてきたものの具現化を目指すものであり、新しい奉仕者の選定において、一般の信徒たちに対して大きな権限を割り当てるという点で、注目すべき内容となっている。教会規程の二章では、教役者たちの選任についてこう語られている。「教会が、一人あるいは二人以上の奉仕者を必要とする時、神の秩序に基づいて、断食日が長老たちによって決められる。そしてその日、それに従って教会の説教壇から説教が語られる。その目的は、可能な限り全会衆がその日に集まって、教会の忠実な奉仕者が主によって与えられるように、真剣かつ熱心に祈るためである。(87)」

教会規程はこう述べる際に、新約聖書の使徒言行録一四章二三節を指示している。そこには、「また、弟子たちのために教会ごとに長老たちを任命し、断食して祈り、彼らをその信ずる主に任せた」とある。奉仕者の選任にあたって、突然断食という言葉が語られ、それに続いて詳細な断食日についての規則が語られていくが、それは、この教会規程が聖書に対する忠実さを何より厳格に求めているからに他ならない。

奉仕者の選任にあたって教会の指導者たちは、教会全体に対して、来る選挙の期日を公告し、その選挙日の一週間前に信徒はまず一度集められて礼拝し、候補者に求められる職務を果たすための欠いてはならない資質について説教を聞く。そして教会員たちは、続く七日間の間に、会衆の中から説教者たちや長老たちに相応しい者たちの名前を投票する。そしてこの期間の終わりに、全ての教役者たちは人選のために集い、どの人物が会衆からの支持を最も受けているかを判定する。そのようにして奉仕者が会衆によって選ばれた後に、教役者たちはその人物についての会衆からの承認を得るため、彼を教会全体に対して公に紹介するその前に、まず試問にかける。そして更に一週間の期間が、信徒が選任に関する異議申し立てを行なうことができる期間として用意された。それらの手続きを経て、全ての不和が解消され異議がない場合には、新しい聖職者は教会全体の前で、任職されることとなる。ただしその際、監督と説教者の選任については、会衆による承認に先立って、形式的な形での王の承認が為されていた。つまりロンドン亡命者教会においては、選挙権、被選挙権が共に教会の信徒たちに付与されていたのである。

このように、長老主義教会政治における反聖職者位階制的な原理の実質は、教会の職務従事者たちの選出について、そこで会衆に選挙権と被選挙権が与えられることによって初めて、現実的に担保されることとなったのである。

この教会政治への信徒の参加という点について、ア・ラスコの著作集を編んだ若き日のアブラハム・カイパーは、「カルヴァンが教会について語る際には、ほとんど排他的な聖職者集団を想定している」とカルヴァンを批判しつつ、「カルヴァンは貴族政治的なかたちでの教会統治を維持しているが、ア・ラスコは福音との更なる調和において、すぐに暴民政治に落ち込むことのない、好ましい『穏健な民主主義』を維持している」[88]と語っている。

第五項　長老主義教会政治の民主的な青写真

加えてア・ラスコは、coetus[89]と呼ばれた注目すべき教会会議を実践した。それは月に一回の、牧師と長老による会議だった。そこで教会指導者たちは、相互の監督、亡命者諸教会に関わる教会的事柄の決定、教師候補者の試験、様々な教義についての議論を行なった[90]。ロジャースは次のように述べている。「このように、聖職者たちと長老たちによるcoetusが、教会政治の中心であり、ロンドン教会規程は、『最初の長老主義教会政治』であった。地域的なシノッドの構成はまだ見られていなかったが、各個教会の統治は、聖職者階級の独占的統治から、coetusによる集団的統治へと実質的に移行した。つまり、限定的な意味においてであるが、イングランドにおける最初の自律した長老主義教会政治は、英国の教会やエリザベスによってもたらされたのではなく、亡命者教会によって、そしてエドワード六世の時代に誕生したのである[91]。」さらにこのア・ラスコの影響力は、オランダ改革派教会にも及び、そのルーツにもなった。それは、オランダ改革派の文脈における教会規程を纏めたビスターベルドとカイパーが、この教会規程をオランダ改革派教会の最古の教会規程であると語っていることからも明らかである[92]。

またロンドン外国人教会での実践の意義について、マックローチはこう語っている。

メアリの迫害は、宗教改革に忠実な者たちを、迫害されている急進派の人々と同様の異議と闇の中に追い込んだが、この事が生み出した信念と実践は、未来のどのようなプロテスタント教会にとっても、重要な意味を持つだろう。メアリ時代のプロテスタント抵抗者たちに現れている発展は、エドワードの死が、福音主義の本流への彼らのダイナミックな変化を止められなかったことをも明らかにしている。教区から離れて礼拝を行なうという明らかに新しいキリスト者のモデルが、エドワード時代のロンドン外国人教会に現れた。この亡命者たちが自己統治をする群れは、会衆による民主主義を際立たせており、これはポーランド人の監督ヤン・ラスキとジュネーヴの自信に満ちた監督カルヴァンによって導かれたものである。(93)

以上のように、ア・ラスコの実践について、彼が日本においてはあまり知られていない宗教改革者であるゆえに比較的詳しく述べたが、カルヴァンに萌芽を見た改革派教会の長老主義教会政治は、ア・ラスコの実践において、原初的な形ではあるものの、実現を見た。そしてその職制、信徒の教会政治への参加、個人の権威によらない長老会による会議という集団的権威による政治の中に、長老主義教会政治の本質を見ることができるのではないか。そしてそれは、単なる長老主義教会政治の一例を表す特定の事例であることを超えて、後の時代とまた他の世界諸地域においても妥当する、長老主義教会政治に働く普遍的な神学をも描き出していると言えるのではないだろうか。

第三節　長老派の中会中心主義についての反省

改革派教会の教会政治原理を見出すための三つめの主題は、長老派教会の教会政治体制の特徴のひとつであると言われている中会中心主義の成立過程に見出すことができる。

長老派（プレスビテリアン）と改革派（リフォームド）という、同じ長老主義教会政治を採用する二つの教会政治的潮流は、段階的教会会議というシステムを維持している。しかしながら、両者の段階的諸会議の機能と権威の方向性は、興味深いことに正反対の方向性を採る(94)。

単純化して語るならば、改革派の教会政治では、教会政治の方向性が、長老主義教会政治という基本的な枠組みの中においてのことであるが、より下から上へという方向性の下にある。この傾向は、改革派教会が発展していったプロセスに符号している。改革派教会は、主としてベルギー、オランダの西ヨーロッパ低地地方にて、迫害という状況下において、少数派の立場からスタートした。よって彼らの教会政治の本質的性格は、暫定的、漸進的と言ってよいもので、迫害下の危機的状況の中での、暫定的で局所的な対応の蓄積によって、その教会政治機構は構築されていった。この改革派の教会政治の方法論は、彼らが置かれていた、反体制的な状況の中での教会形成過程に影響されたのである。

それに対して、上記の改革派の方法論との対比で語るならば、長老派の教会政治は、こちらも改革派と同じ長老主義教会政治という基本的な枠組みを両者が共有しているという前提の上で、上から下という力学を、改革派よりも強く生じさせている。もちろん既に見たように、長老派と改革派の長老主義教会政治は、共に反監督主義、反司教主義という特性を持っている。しかしながら、長老派の教会政治の伝統は、英国国教会の司教主義的、階層的教会政治を受け継いでいる。さらに長老派は、その歴史において、成り立ちから常に王や議会との政治的結び付きを持ち、実際に第二規律書は、神聖政治的な方法によって、与党的、また国家的な立場と視座から長老主義の教会政治を広く国家全体に普及させるというヴィジョンを持っていた[95]。

第一項　『ウェストミンスター教会政治規程』で初めて確立された中会中心主義

上記の長老派の文脈においては、伝統的に、中会中心主義というテーゼが教会政治にとっての原理原則とされているが、ここで指摘したいのは、それが長老主義教会政治にとっては比較的後発的な原理だということである。中会を教会政治の根幹的なユニットに据えるという長老派の教会政治原理は、一六四五年の『ウェストミンスター教会政治規程』において確立した。

その第九章において、presbytery の位置付けと定義がなされている。長老派の教会政治が、『ウエストミンスター教会政治規程』において、英国国教会の教区をベースとして中会を組織した際、中会（presbytery）こそが、教会政治上の実質的な基本単位と見なされたのである。Presbytery は月に一回開かれ、[96] 全ての各個教会は、教師と共に長老を presbytery に送るべきだとされており、presbytery を軸とする長老派の教会政治のシステムは、元々そこにあった教区の区割りを元に、そこに新しく presbytery を当てはめて作り上げられたことが見て取れる。そしてここでは、この presbytery が、議会の承認の下、教職の試験と罷免、さらに任職を行い、各個教会への教職の派遣を行うこととされた。[97] 牧師の任職が presbytery の行為であるとされていることは、改革派の教会政治とは対極である。[98] なぜなら、改革派の教会規程は、各個教会に牧師の任免権を付与していたからである。

また、それに続く一一章では、段階的教会会議（synodal assemblies）における会議での権威と力が、それまでの長老主義教会の教会規程以上に、高く位置付けられている。[99] さらに一二章では、既に言及されたように、都市の教区にあたる区分けが、presbytery 形成の基礎単位となり、同様に王国内の諸々の地方の行政区間の区分けが、provincial assemblies 形成の基礎母体となると言われ、またそれより広範囲の教会による会議である provincial synod は半年に一回開かれるべきとされ、[100] さらに全国総会を意味する national synod は、議会の召集の下、年に一回行われるものとされている。[101]

よって、『ウェストミンスター教会政治規程』が、イングランドの国家教会という文脈を背景として起草された教会規程であったことは明らかである。アッシャーは「一六〇三年のイングランド全体の教区の数は、九二四四あった」との資料を示している。[102]それぞれの教区はひとつの教会を持ち、全国には二六の主教管区があり、カンタベリーとヨークの主教座が、イングランド教会全体の主教管区を統括していた。[103]そして、長老主義を確立するための運動は、上記の状況に応じて、その全体を変革していくという壮大な努力であった。その試みは、イングランド教会全体が統一的に長老派教会政治を採用するという目標に向かうというものであったため、ウェストミンスター神学者会議での教会政治ついての議論は、不可避的に上記の教区制や司教管区という国家教会の枠組みを前提としてなされ、この教会規程の段階的諸会議は、イングランドの教会、教区、主教管区と並行していたのである。[104]そして、この文脈の中で形作られた教会規程と長老主義教会政治のシステムには、中会が、教会政治の中で、各個教会よりもより中心的な役割を果たしていくというかたちが、必然的に採用されたのである。

しかしながら、この中会中心主義は、一五六〇年の『第一規律書』、また一五七八年の『第二規律書』にも表れておらず、presbyteryという言葉は、一五八七年の『規律書』にて、単純に

consistory や senate という、長老会を意味する言葉の同義語として用いられていたに過ぎなかった。つまり、中会が教会政治上の中枢を担うという、『ウェストミンスター教会政治規程』によって確立された長老派（プレスビテリアン）教会の原則は、歴史的観点から見るならば、長老主義教会政治に元々あった原理ではなかった。よって、長老主義教会政治の本来的な性質は、中会中心主義よりも、各個教会主義的であったと言うことができるのである。

長老派の伝統に立つ教会においては、中会中心主義の原則によって、各個教会の連帯と一致のための原則は強く機能するものの、ともすれば官僚的な、中会から各個教会に向けての上から下という力学が教会政治の中で働くことがあり、そこでは本来非階層主義的な教会政治をモットーとすべき長老主義教会政治における、各個教会の自律性と信徒の参加を促すという本質が後退してしまうという事態が往々にして起こった。

しかし、そのような際には、もう一度歴史に立ち帰って、長老主義教会政治の根本に流れる本質的要素を掴むことで、キリストの主権に従う聖書的教会を作るための教会政治制度の本来のあり方と、そこで要求される神学に、教会は立ち戻ることが可能となるのである。

第四節　教会政治の霊性

第二章にて扱ったように、教会政治が、自由に働く聖霊の神の御業を妨げるものと捉えられる際、それは霊性の対立物と見なされ、忌避され、教会にとって不要なもの、余計なものと見なされてしまう。しかし、むしろ実態は逆であることを、これまでの論述を総合する結論として提示したい。

第一項　長老主義教会政治の背後にある聖霊論的思考

これまでの議論において、長老主義教会政治の本質は、反司教制であり、非階層主義的な側面にこそあることを確認した。しかしそれは、文字通りの民が主権者になるという、単なるデモクラティズムではない。キリスト教会の教会政治が民主的という言葉を用いる時、そこにはひとつの神学的、また逆説的但し書きが必要である。なぜなら、揺るぎない前提として、本来教会が目指していることは、デモクラシーはなく、セオクラシー（神が治める政治）だからである。教会は、教会そのものの存在が、聖書に示された神の御心に適う存在になることを目指している。その意味で、聖書の言葉に従い、また神の指示に追従するかたちで、セオクラシーによって教会が組織され治められることこそが、それによるキリストの王権の確立こそが、教会政治の至上目的であると言える。オランダの二〇世紀の神学者ファン・ルーラー（一九〇八―一九七〇）は述べる。

現代の意識における盲点の一つは、セオクラシーという言葉が政治的概念としてのみ一般に理解されていることである。またそれは特定の政治的理想、さらには特定のプログラムとして狭く理解されている。しかしセオクラシーは政治的な理想ではなく、むしろ第一に、個人的な問題であり、さらに最も明確に教会的な問題であることを指摘しておくことが重要である。それは、私が神の似姿として、また私が神の協働者として存在しているという単純な事実から、そして何よりも、生ける神がその御子イエス・キリストの具体的な体（教会）をこの世に置かれたという事実から生じるのである。[105]

そしてここで、デモクラシーとセオクラシーにおける逆説的但し書きを踏まえる必要が生じる。宗教改革期に導入された長老主義教会政治という、非階層主義的で民主的な教会政治を追求することは、教会をいたずらに神なき民主制に導き、信徒を単なる人間中心主義に向かわせるのでは決してなく、それは、教会と信徒それぞれを、聖霊なる神のはたらきによって、「神をこそ教会の主」とならしめる、教会における神による政治（セオクラシー）へと至らせるのである。長老主義教会政治の背後には、この聖霊論的思考、すなわち、人間である長老たちに会議を通してこそ豊かに働くところとなる、民主的な教会政治においてこそ深く関与される、聖霊なる神のはたらきへの深い信頼が流れているのである。

第二項　教会政治によって聖霊の支配を確立する

ゾームやブルンナーらの批判によっても触れられていたが、教会政治にとっての一番の危険は、それが聖霊による霊的統治から離れて、人間的な論理と規則によるものとなってしまうことである。

クルツェンはファン・ルーラーを参照しながら、「教会は第二のキリストであり、キリストは彼の救済の業を教会を通して続けられる。そのキリストの現臨は、ただ聖餐のサクラメントに肉と血として宿るだけではなく、教会全体に宿るのであって、教会政治にとって、そこでキリストが存在し、行動してくださることがなければ、その政治は何の意味もなさない[106]」と語っている。

その意味で、教会政治は、ただ聖書の御言葉に基づいてなされるだけでは十分ではない。つまり、教会政治は、御言葉に基づきつつ、さらに聖霊なる神を指し示さなければならないのである[107]。

クルツェンはさらに述べる。

教会政治は、聖霊によって満たされ、そして導かれて統治をおこなう時にこそ、霊的なものとなる。キリストの体は高挙し、彼は御父の右に座しておられる。しかしながら、聖霊の中で、そして聖霊を通して、キリストはなお彼の教会に居てくださるのである。そのために、教会は聖霊に聞かなければならず、キリストに従わなければならない。……一人の人の召しによってではなく、キリストの体なる教会の全てのメンバーによるチームワークと参与によって、それは生起する。全ての信仰者が主の聖霊の業に参加する時、それがキリストの支配を共に尋ね求める機会となる。(108)

既に述べたように、人間には生来の罪があり、放っておくと人間は自ら神になるべく力と権力を求めるため、神に成り代わって人が人を支配する政治が、罪によって志向されてしまう。よってその罪に抗い、その罪を抑制し、教会とその成員一人一人の中に働く聖霊の支配を具体化し、さらに単なる個人主義に陥ることなく、教会全体が御言葉に沿って導かれるために、教会政治は存在するのである。

ファン・ルーラーはさらに語る。「改革派教会は現代的な民主主義のすべてを受け入れることはできない。そこにある教会と国家の問題の扱い方や、近代的で民主的な概念としての寛容では満足できないし、それを受け入れることもできない。現代の民主的な解決方法は、私たちを悩ますすべてのものに対する万能薬ではなく、改革派の伝統は、無制限の民主主義を支持することは決してできない[109]。」

教会政治、そして教会規程を、霊的また神学の範疇にない事柄と断じることはできない。いやむしろ教会政治の機能こそが、教会と信仰者たちとを、深く霊的な、神中心の教会形成へと促し、また神学的な成長と養いへとよりよく招き導くのである。

結　論

長老主義教会政治には、一般に三原則と言われる原理がある。それは、「長老たちによる政治」、「教職の平等」、「教会会議の段階的構成」の三つである[110]。つまり、個人によるのではなく、平等な複数の長老たちによって構成される諸会議を通し、またそこにこそ豊かに働く聖霊の働きを信じてキリストの教会の政治をなすということである。この三原則はさらに、本書が主に長老主義教会政治の歴史的な成立過程に基づいて述べてきた、その反司教主義的、また反聖職者位階制的、同時に非階層主義的な教会政治原理という、より根本的で大きな原理原則の枠内に入れることができる。そしてそれは、どこまでもキリストが教会の王、また教会の主であられることの実現を追求するという、神学的かつ極めて霊的な営みを確立するための、教会政治制度なのである。教会政治は、単に法的また制度的な事柄を扱うのではなく、極めて神学的かつ霊的な、キリストの教会とそこに属する信仰者を通して為される神の業なのである。

注

（1a）「ウェスミンスター小教理問答」日本基督改革派教会大会出版委員会編『ウェストミンスター信仰基準』（新教出版社、一九九四年）。

（1）N. T. Wright, *Scripture and the Authority of God: How to Read the Bible Today* (U.K.: Harper Collins, 2013), 51.

（2）ヴィサー・トーフト『キリストの王権』菅円吉訳（新教出版社、一九六三年）六頁。

（3）ヴィサー・トーフト、九六―九七頁。

（4）コフマンは、教会政治を神学的に考えるというアプローチの研究が、オランダ語・ドイツ語文献に比して、英語文献にほとんど見当たらないのは、英語圏において教会政治を語るということが、神学的な事柄ではなく、それがただ個別の教会規程の注解として捉えられているからであると語っている。Leo J. Koffeman, *In Order to Serve, Church Polity in Ecumenical Contexts* (Zurich: Lit Verlag, 2014), 11.

（5）Pieter Coertzen, *Church and Order: A Reformed Perspective* (Leuven : Uitgeverij Peeters, 1998).

（6）Leo J. Koffeman, *In Order to Serve: Church Polity in Ecumenical Contexts* (Lit Verlag, 2014).

（7） Leo J. Koffeman, “The Dark Side of the Good News?: *A Theological Approach to Church Polity*” *Protestant Church Polity in Changing Contexts I* (Lit Verlag, 2014), 1-16.

（8） Leo J. Koffeman, *In Order to Serve*, 1-2.

（9） この点は、ドイツ・オランダ語圏の教会政治学の研究者たち自身も自覚しており、世界のプロテスタントの教会政治学研究者たちを繋げるべく、Society for Protestant Church Polity というドイツ・オランダ語圏の研究者たちを中心とした研究会が、二〇一八年より発足した。ウェブサイトは以下、https://www.churchpolity.org

（10） Cornelis Van Dam, *The Elder*: *Today’s Ministry Rooted in all of Scripture* (New Jersey: P&R Publishing Company, 2009); James H Smylie, *A Brief History of the Presbyterians* (Louisville: Geneva Press, 1996); Walter L. Lingle, John W. Kuykendall, *Presbyterians*: *Their History and Beliefs* (Atlanta: John Knox Press, 1978); Lefferts A. Loetscher, *A Brief History of the Presbyterians*: *With a new chapter by George Laid Hunt* (Philadelphia, Pennsylvania: The Westminster Press, 1978); A. Mervyn Davies, *Presbyterian Heritage*: *Switzerland*, *Great Britain*, *America* (America: M. E. Bratcher, 1965); Randall Balmer, John R. Fitsmier, *The Presbyterians* (London: Greenwood Press, 1993); James L. Ainslie, *The Doctrines of Ministerial Order in the Reformed Churches of the 16th and 17th Centuries* (Edinburgh: T. & T. Clark, 1940); Samuel Miller, *An Essay on the Warrant*, *Nature and Duties of the Office of the Ruling Elder*, *in the Presbyterian Church* (Dallas, Jackson: Presbyterian Heritage Publications, 1987).

（11） Charles Hodge, *Discussions in Church Polity: From the Contributions to the "Princeton Review"*(New York: Charles Scribner's Sons, 1878); Jacob H. Patton, *Popular History of the Presbyterian Church in the United States* (New York: R. S. Mighill, 1900); John Macpherson, *Presbyterianism* (Edinburgh: T. & T. Clark, 1946); Lucas Vischer, *Eldership in the Reformed Churches Today: Report of an International Consultation Held At John Knox Center in Geneva from August 26 – 31, 1990* (Geneva: World Alliance of Reformed Churches, 1991).

（12） Henry De Moor, *Christian Reformed Church Order Commentary* (Grand Rapids: Faith Alive Christian Resources, 2010); Allan J. Janssen, *Constitutional Theology: Notes on the Book of Church Order of the Reformed Church in America* (Grand Rapids: Eerdmans Publishing Co, 2000).

（13） John L. Schaver, *The Polity of the Churches: Concerns All the Churches of Christendom* (Chicago: Church Polity Press, 1947), 65-66.

（14） Pieter Coertzen, *Decently and in Order*, XIII.

（15） Pieter Coertzen, *Decently and in Order*, 4.

（16） Pieter Coertzen, *Decently and in Order*, 5.

（17） Pieter Coertzen, *Decently and in Order*, 7.

（18） Pieter Coertzen, *Decently and in Order*, 12.

（19） 渡辺信夫『カルヴァンの教会論』（改革社、一九七六年）二三三―二三四頁。

(20) Louis Berkhof, *Systematic Theology* (Grand Rapids: Eedmans, 1938), 579.
(21) Rudolph Sohm, *History of Christianity* (Cincinati: Cransion & Stowe, 1891), 238.
(22) Pieter Coertzen, *Decently and in Order*, 17-18.
(23) エミール・ブルンナー『ブルンナー著作集』第四巻、教義学Ⅲ（上）、（教文館、一九九八年）、一二〇頁。
(24) Pieter Coertzen, *Decently and in Order*, 14.
(25) Leo J. Koffeman, *In Order to Serve*, 13.
(26) Pieter Coertzen, *Decently and in Order*, 14.
(27) 金子晴男『ルターとその時代』（玉川大学出版部、一九八五年）、二一四頁。
(28) *Westminster Assembly Directory for Church Government*. 1645.
(29) 松谷好明『イングランド・ピューリタニズム研究』（聖学院大学出版会、二〇〇七年）、二四五頁。「ここでは、目に見えない教会ではなく、『目に見える教会』が『ひとつ』であり、『全体教会』であるとされ、この教会の『部分』が『各個教会』であるとされている。これはすべて『新約聖書』においてそうであるということであるが、神学者会議内における議論から見れば、ここでも前提は、イングランド全土にはひとつの国定教会（Established Church）のみがあるべきで、独立教会は認められないということであったことは確かである。教派教会は、全く考えられない概念であった。」松谷好明『イングランド・ピューリタニズム研究』、二四〇頁。

（30）「〈神定〉といっても、『聖書において直接神がそのままの形のものを明確に制定している』という狭義と、『使徒的であることから、間接的に神が制定したと理解すべきもの』という、少し広い解釈があり、更には、神学者会議の議論の中で提出された『神の御心にかない、神に受け入れられるもの』という一段と広義でも用いられているからである。」松谷好明『イングランド・ピューリタニズム研究』、二四九頁。

（31）松谷好明『イングランド・ピューリタニズム研究』、二四九—二五〇頁。

（32）Leo J. Koffeman, *In Order to Serve*, 14.

（33）松谷好明編・訳「ウェストミンスター教会政治規程」『十七世紀ピューリタン教会政治得論資料集』（聖学院大学総合研究所、二〇〇七年）、五二頁。

（34）John Richard De Witt, *Jus Divinum: The Westminster Assembly and the Divine Right of Church Government* (Kampen: J. H. Kok N. V., 1969), 234.; Wayne R. Spear, *Covenanted Uniformity in Religion: The Influence of the Scottish Commissions on the Ecclesiology of the Westminster Assembly* (Grand Rapids: Reformed Heritage Books, 2013), 140. またウェストミンスター教会政治規程は、長老主義教会政治に特有の段階的諸教会会議についても、その構造を、agreeable や lawful と、ややぼかした、確定的であるとは言い切ることのできない言葉遣いを用いて記している。これは、その段階的諸教会会議が、直接聖書から引き出されるものではないことを示唆しているのではないか。

（35）John Richard De Witt, *Jus Divinum*, i.

(36) Steven Paas, *Ministers and Elders*: *The Birth of Presbyterianism* (Malawi: Kachere Series, 2007), 13.
(37) Pieter Coertzen, *Decently and in Order*, 5.
(38) Bryan P. Stone, *A Reader in Ecclesiology* (Burlington: Ashgate Publishing Company, 2012), 10.
(39) John Fuellenbach, S. V. D., *Ecclesiastical Office and the Primacy of Rome*: *An Evaluation of Recent Theological Discussion of First Clement* (Washington, D.C: The Catholic University of America Press, 1980), 129.
(40) "The letters of Ignatius, Bishop of Antioch: to the Ephesians," 4: 1, Holmes, ed., *The Apostolic Fathers*: *Greek Texts and English Translations*, 187.
(41) Holmes divides Didache into three sections. Then he summarizes the third section as "6.3– 15.4, comprised of instructions dealing with church practice and order" Holmes, ed., *The Apostolic Fathers*: *Greek Texts and English Translations*, 334.
(42) 「教会はその指導者の声に従う。一旦指導者たちが選ばれたならば、彼らが不道徳な、また倫理的に問題のある、あるいは聖書に適わない行動をとることによって不適格者と見なされない限り、教会の信徒たちは、彼らを褒め称え、彼らに従う義務を負うのである。」Chad Owen Brand and R. Stanton Norman, ed., *Perspectives on Church Government*, 39: Stone also points out the sprout of hierarchy in the church in the *Didache*. Stone, *A Reader in Ecclesiology*, 14.
(43) "The Didache or The Teaching of the Twelve Apostles," 13: 3, Holmes, ed., *The Apostolic Fathers*: *Greek

Texts and English Translations, 365.

（44） Hall evaluates as a shift to an early Presbyterian system. Joseph H. Hall, “History and Character of Church Government,” *Paradigms in Polity*: *Classic Readings in Reformed and Presbyterian Church Government*, 6.

（45） Chad Owen Brand and R. Stanton Norman, ed., *Perspectives on Church Government*, 12.

（46） Saint Cyprian, “Letter 331,”*Letters* (*1-81*), trans., Sister Rose Donna (Washington, D. C: The Catholic University of America Press, 1964), 85-86.

（47） キプリアヌス「教会一致論」吉田聖訳、小高毅編『原典古代キリスト教思想史1　初期キリスト教思想家』（教文館、一九九九年）、二四五頁。Saint Cyprian, “Cyprian to Jubaian, his brother, greeting,” *Letters* (*1-81*), 282 (73-21).

（48） 『アウグスティヌス著作集11：神の国⑴』（教文館、一九八〇年）、九三―九四頁。Augustine, *Concerning the City of God*: *Against the Pagans*, trans., Henry Bettenson (Penguin Books, 1972), 45-46 (Part I Book 1:35).

（49） Steven Paas, *Ministers and Elders*, 11.

（50） Stone, *A Reader in Ecclesiology*, 63.

（51） Innocent, “Innocent III to Acerbius, 1198.” *A Source Book for Medieval History*: *Selected Documents Illustrating the History of Europe in the Middle Ages*, Oliver J. Thatcher, and Edgar H. McNeal, ed., (New

York: Charles Scribner's Sons, 1905), 208 (114).

（52）Stone, *A Reader in Ecclesiology*, 67.

（53）Stone, *A Reader in Ecclesiology*, 68.

（54）Joseph H. Hall, "History and Character of Church Government," *Paradigms in Polity*, 6.

（55）Steven Paas, *Ministers and Elders*, 35.

（56）ルター「ローマの教皇制について――ライプチヒの高名なローマ主義者を駁す」（一五二〇年）徳善義和訳、ルター著作集委員会編『ルター著作集　第一集3』（聖文舎、一九六九年）。

（57）ルター、同書、一三五頁。

（58）ルター、同署、一三三頁。

（59）岡田稔『キリストの教会』（小峯書店、一九七〇年）、三六頁。

（60）Steven Paas, *Ministers and Elders*, 44; Richard R. De Ridder, *A Survey of the Sources of Reformed Church Polity and the Form of Government of the Christian Reformed Church in America, Syllabus of Organization of the Church for Ministry* (Grand Rapids: Calvin Theological Seminary, 1983), 24.

（61）Steven Paas, *Ministers and Elders*, 42.

（62）Richard R. De Ridder, *A Survey of the Sources of Reformed Church Polity and the Form of Government of the Christian Reformed Church in America*, 27.

（63）John Calvin, "Draft Ecclesiastical Ordinances," *Calvin: Theological Treatises*, trans., J. K. S. Reid, (Philadelphia: The Westminster Press, 1977), 48-55.

（64）Macpherson, *Presbyterianism*, 58.; パースは、カルヴァンにおける長老主義的な教会政治の導入についての萌芽が、既にブツァーに見られると指摘している。Steven Paas, *Ministers and Elders*, 50.

（65）Wallace M. Alston Jr, *The Church of the Living God: A Reformed Perspective* (Louisville: Westminster John Knox Press, 2002), 85; Pieter Coertzen, *Decently and in Order*, 85.

（66）「ジュネーヴ教会規程」『宗教改革著作集』一五巻、倉塚平訳（教文館、一九九八年）、八七頁。

（67）Philip E. Hughes, ed., trans., *The Register of the Company of Pastors of Geneva in the Time of Calvin* (Grand Rapids: Eerdmans Publishing Company, 1966), 41.

（68）「神学では、神について、われわれ人間が考えていくというのは正しいアプローチではありません。神が自身についてどう語るかについて、虚心坦懐に耳を傾けていくことが、神学的に正しいアプローチなのです。ギリシア語の神学（theologia、テオロギア）という言葉は、キリスト教が出現する以前からありました。テオロギアは「神々について語られる言葉」という意味で、今日のわれわれの用語では神話に近いです。神話をギリシャ語ではミトス（mythos）と言いますが、これはそもそも「黙する」（myein、ミエイン）という動詞に由来します。語ることができず、沈黙しなければならない事柄について語るのが神学という学問の特徴です。」佐藤優『神学の思考：キリスト教とは何か』（平凡社、二〇一五年）、一四頁。「ある意味において、教会政治は、倫理や救済論などのような思考と同様に、人間の心に自然に生まれるような、本能的なものでは決してない。」David W. Hall, "The Pastoral and Theological Significance of Church" David W. Hall and Joseph H. Hall, ed., *Paradigms in Polity*: *Classic Readings in Reformed and Presbyterian Church Government* (Grand Rapids: Eerdmans Publishing Company, 1994), 12.

（69） この点をムラーはラテン語の theologia の定義の中で詳細に述べている。「神学とは、神に関する言葉あるいは、合理的な論説、そしてそれゆえに神に関する人間の知恵あるいは知識体系であると一般に定義される。より正確には、神学は以下の四つの事柄を指す。それは、①霊感によって与えられ、それゆえに誤ることのない、救いのために必要なすべての知識の総体を示す聖書の中の神聖な啓示。②聖書を読むことによって、また聖書のテキストからの結論として引き出される、信仰によって保持される知識。③信仰の保持と文学批評によって啓示から構成された学（science）あるいは知恵。④神のすべての真実な知識の原型である神の自己啓示である。」Richard A. Muller, *Dictionary of Latin and Greek Theological Terms*: *Drawn Principally from Protestant Scholastic Theology* (Grand Rapids: Baker Book House, 1985), 298.

（70） Chad Owen Brand and R. Stanton Norman, ed., *Perspectives on Church Government*: *Five Views of Church Polity* (Nashville: Broadman & Holman Publishers, 2004), 2.

（71） David W. Hall and Joseph H. Hall, ed., *Paradigms in Polity*, 4.

（72） Pieter Coertzen, *Decently and in Order*, 2.

（73） Chad Owen Brand and R. Stanton Norman, ed., *Perspectives on Church Government*, 5-10.

（74） Steven Paas, *Ministers and Elders*, 12.

（75） Wallace M. Alston Jr, *The Church of the Living God*, 83-84.

（76） Allan J. Janssen, *Constitutional Theology*, 4.

（77） David W. Hall and Joseph H. Hall, ed., “The Pastoral and Theological Significance of Church Government,” *Paradigms of Polity*, 13.

（78） ルーカス・フィッシャー『長老職：改革派の伝統と今日の長老職』吉岡契典訳（一麦出版社、二〇一五年）、九八頁。

（79） Andrew Pettegree, *Foreign Protestant Communities in Sixteenth-Century London* (Oxford: Oxford University Press, 1986), 17; Michael Springer, *Restoring Christ’s Church*, 42.

（80） Dirk W. Rogers, *John a Lasco in England* (New York: Peter Lang, 1994), 30.

（81） John a Lasco, *Joannis A Lasco Opera tam edita quam inedita*, *Duobu svolum inibus comprehensa* vol. 2, Abraham Kuyper, ed.,(Amsterdam: Muller and Nyhoff, 1866), 1-255. German edition is in, Emil Sehling, ed., *Die Evangelischen Kirchenordnungen des XVI Jahrhunderts*: *Siebenter Band Niedersachsen II*. *Häfte* (Tübingen, J. C. B. Mohr (Paul Siebeck) Tübingen, 1963), 517-667.

（82） Michael S. Springer, *Restoring Christ’s Church*. *John a Lasco and the Forma ac Ratio* (Ashgate, 2007), 39.

（83） Michael Springer, *Restoring Christ’s Church*, 5-11, 117.

（84） Michael Springer, *Restoring Christ's Church*, 51-52.

（85） 「我々は、聖書によって永続的に、また変更不可能なものとして教えられている長老と執事というただ二つのみの職務を有する。その教えなしに、いかなる教会もキリストの教会として存続することはできない。」Emil Sehling, *Die Evangelischen Kirchenordnungen des XVI Jahrhunderts*, 587-588; Willem van't Spijker, *The Ecclesiastical Offices in the Thought of Martin Bucer*, trans., John Vriend and Lyle D. Bierma (Linden: E.J. Brill, 1996), 457.

（86） Judith Becker, *Gemeindeordnung und Kirchenzucht. Johannes a Lascos Kirchenordnung für London* (*1555*) *und der reformierte Konfessionsbildung* (Brill, 2007), 85.

（87） Emil Sehling, *Die Evangelischen Kirchenordnungen des XVI Jahrhunderts*, 588.

（88） Jasper Vree, Johan Zwaan, introduction, annotations, bibliography, and indics, *Abrahamu Kuyper's Commentatio* (*1860*) *The Young Kuyper About Calvin*, *A Lasco*, *And The Church*, Brill, 2005, 60.

（89） ラテン語で「集会」の意。

（90） 「監督、説教者並びに長老と執事たちとによる月例の会合が、ア・ラスコの教会政治の核となっていた。」Michael Springer, *Restoring Christ's Church*, 69; Richard R. De Ridder, *A Survey of the Sources of Reformed Church Polity and the Form of Government of the Christian Reformed Church in America*, 25.

（91） Dirk W. Rogers, *John a Lasco in England*, 57.

（92） P. Biesterveld and H. H. Kuyper, *Ecclesiastical Manual*: *Including the Decisions of the Netherlands Syn-*

ods and other Significant Matters Relating to the Government of the Churches, trans., Richard R. De Ridder (Grand Rapids: Calvin Theological Seminary, 1982), 13.

（93） Diarmaid MacCulloch, *Tudor Church Militant-Edward VI And The Protestant Reformation* (London: Allen Lane The Penguin Press, 2001), 182.

（94） Presbyterian と Reformed は共に長老主義教会政治を採用するものの、両者の教会政治の潮流には極めて興味深い対照的な特徴がある。その比較はデ・リッデルの比較表にて端的に示されている。Richard R. De Ridder, *A Survey of the Sources of Reformed Church Polity and the Form of Government of the Christian Reformed Church in America, Syllabus of Organization of the Church for Ministry*, 20.；両者の違いの更なる考察については拙論を参照。吉岡契典「二つの異なる教会政治は共存可能か：日本キリスト改革派教会における、長老派と改革派の教会政治の方法論的緊張関係」『改革派神学第四二号』（神戸改革派神学校、二〇一五年）、九四―一四四頁。

（95） 「第二規律書は、教会の一般的定義と、その世俗権力との違いで始まるが、この規定は最終的に神聖政治（theocracy）を志向している。」Walter Howard Frere, *The English Church in the Reigns of Elizabeth and James I. (1558-1625)* (London: The Macmillan company, 1904), 110.

（96） Westminster Assembly, *Propositions concerning church-government and ordination of ministers* (Edinburgh: Evan Tyler, 1647), 27.

（97） Westminster Assembly, *Ibid.*, 28.

（98） Westminster Assembly, *Ibid.*, 35.

（99） Westminster Assembly, *Ibid.*, 28.

（100） Westminster Assembly, *Ibid.*, 28.

（101） Westminster Assembly, *Ibid.*, 28.

（102） Roland G. Usher, *The Reconstruction of the English Church*, vol. 1 (London: D. Appleton and Company, 1910), 241.

（103） 松谷好明『イングランド・ピューリタニズム研究』、一六六―一六七頁。

（104） 「第三に、教会政治規程が、イングランドにおける国教会制度を前提として作られていることに伴う、根本的問題である。すなわち、神学者会議の主流派は、教会政治組織にしろ職制、特に牧師職にしろ、中世以来の教会区、管区組織と聖職禄（それらは宗教改革を経て種々の修正、変更を加えられたが）を前提としており、それらに聖職的、神学的反省を加えることはなかった。従って、各個教会―クラシス（プレスビテリー）―地方シノッド―全国シノッドでは、教会区教会―大執事管区―司教管区―大司教管区とパラレルに考えられ、それが聖書によって根拠づけられると想定されている。」松谷好明『イングランド・ピューリタニズム研究』、二四八頁。

（105） Arnold A. Van ruler, "Theocracy and Toleration", *Calvinist Trinitarianism and Theocentric Politics*, trans. John Bolt (The Edwin Mellen Prass, 1989), 168.

（106） Pieter Coertzen, *Church and Order*, 101-102.

(107) Pieter Coertzen, *Church and Order*, 103.
(108) Pieter Coertzen, *Church and Order*, 103-105.
(109) Arnold A. Van ruler, "Theocracy and Toleration", 193.
(110) 吉岡繁『教会の政治、キリスト教会の礼拝』(一麦出版社、二〇一八年)、五五―六二頁。

あとがき

教会政治を学ぶにあたり、東北学院大学大学院では出村彰教授、またカルヴィン神学校ではヘンリー・デモーア教授とキャシー・スミス教授という、この分野における日米の第一線の先生方から指導を受ける幸いに与りました。そして米国留学を含め、牧会の傍らで為された学びのすべてをいつも支えてくれた家族と、また現場からの問いかけを通じて、学びを教会の実践に即したものへと方向付けてくださった、仙台カナン教会、板宿教会、ひいては日本キリスト改革派教会の皆様に感謝いたします。私にとっての日々の学びと研鑽の場である神戸改革派神学校にも感謝いたします。また何より、講演と出版の機会を与えてくださった日本キリスト教会大森教会の皆様と、佐藤泰將先生に感謝申し上げます。さらに、出版にあたって校正等で大変御苦労いただきました新教出版社の小林望社長にも、心より感謝いたします。

本書は、二〇一九年一一月一七日の第三五回大森講座で行った講演に加筆修正させていただいたものです。出版までの二年の間に新型コロナウィルスが世界的に猛威を振るい、すべての教会と教派が、教会政治をコロナ禍でいかに機能させることができるのかという課題に直面させられました。この論考が、教会が教会政治を神学していく際の、小さな手掛かりとして用いられるならば幸いです。

二〇二一年一一月

吉岡契典

著者　吉岡契典（よしおか・けいすけ）

1976年8月18日生まれ。青山学院大学、神戸改革派神学校卒業後、日本キリスト改革派仙台カナン教会牧師就職。牧師の働きをしながら、東北学院大学院文学研究科ヨーロッパ文化史専攻博士前期課程を修了。後期課程単位取得後退学し、渡米。カルヴィン神学校（Th.M.）卒業後、2014年より日本キリスト改革派板宿教会牧師。また、神戸改革派神学校常勤講師（教会論、終末論、宣教学、宗教改革史）。

大森講座 XXXV

教会政治の神学

改革派の教会政治原理とは

2021年11月30日　第1版第1刷発行

著　者　吉岡契典

発行者　日本キリスト教会大森教会
代　表　佐藤泰將
〒143-0016東京都大田区大森北4-14-5

発売所　株式会社新教出版社
〒162-0814東京都新宿区新小川町9-1
電話03-3260-6148
印刷・製本　カシヨ株式会社

ISBN 978-4-400-31709-8　C1016

【大森講座】

（表示価格は 10％の税込定価です）

1 山岡　健　しるしの福音書　**880 円**
2 後藤憲正　改革派教会の礼拝　**品切**
3 上山修平　子どもの神学　**品切**
4 古賀清敬　預言者と政治　**880 円**
5 松田真二　改革主義信仰告白と説教　**品切**
6 田部郁彦　カール・バルトにおける神認識の特徴　**品切**
7 澤　正幸　長老制とは何か　**品切**
8 高松牧人　現代の教会と信仰告白　**品切**
9 三好　明　あなたはむさぼってはならない　**1100 円**
10 藤田英夫　神の言葉としてのコヘレト　**1100 円**
11 芳賀繁浩　ブツァーとカルヴァン　**1430 円**
12 鈴木牧雄　ヨハネとパウロ　**1100 円**
13 有賀文彦　アタナシオスの救済論　**1100 円**
14 三永旨従　もう一つの召命物語　**1100 円**
15 東野尚志　改革教会における霊性　**品切**
16 井上良作　カルヴァンからアミローへ　**1100 円**
17 田村宏之　カール・バルト「和解論」における復活　**1100 円**
18 岩崎　謙　宣教する教会の説教　**990 円**
19 藤井和弘　新約聖書における模範　**981 円**
20 真田　泉　ジョン・マクラウド・キャンベルの贖罪論　**990 円**
21 佐藤泰將　主の祈りと山上の説教　**990 円**
22 吉田　隆　カルヴァンの神学と霊性　**1100 円**
23 金　山徳　プロテスタント・スコラ神学の再考察　**1100 円**
24 崔　炳一　近代韓国における大復興運動の歴史的展開　**1100 円**
25 髙砂民宣　栄光のキリスト　**1100 円**
27 袴田康裕　信仰告白と教会　**1100 円**
28 楠原博行　キリスト者は何を信じているのか　**1100 円**
29 川上直哉　ポスト・フクシマの神学とフォーサイスの贖罪論　**1430 円**
33 石原知弘　バルト神学とオランダ改革派教会　**1210 円**
35 吉岡契典　教会政治の神学　**1100 円**